「ハッピーな部活」のつくり方

中澤篤史・内田　良

書　903

はじめに

みなさん、部活、楽しんでますか?

自分がしたいスポーツや文化活動を思う存分楽しめるのが部活、のはずですよね。努力したり、友情を育んだり、勝って喜んだり。そんな風に部活を楽しむために、どうしたらいいんでしょうか。

また、部活のことで悩んでいる生徒もいるでしょう。もっと休みがほしい、人間関係が苦しい、やめたいのにやめられない、先生や親に不満がある……。うんうん、気持ちはとってもわかります。そんな悩みを解決するには、どうしたらいいんでしょうか。

こうした疑問に答えようと、本書は書かれました。

学校で教科を勉強する時には、教科書があります。わからないことが出てきたら参考書も本屋に売っています。でも、部活には教科書も参考書もありません。部活で困ったり、迷ったりした時、頼れる本が無いのです。

そこで本書を、「部活の参考書」としてみなさんに届けます。本書には、おとなが教えてくれなかった部活のすべてが書かれています。

たとえば、みなさんはこんなことを知っていますか——。

部活はやってもやらなくてもいいこと。
部活をやめても内申点に大きく影響はしないこと。
いじめや体罰は許されないこと。
おかしな部則は見直せばいいこと。
考えて話し合うのが大切なこと。
部活以外に地域にも活動の場があること。
先生も大変で「ブラック部活」と呼ばれたりすること。
今、全国で部活改革が動き出していること。
ゆるーい部活もアリなこと。

はじめに

部活の主役はあなた自身であること。

楽しくない部活なんてありえないこと。


本書を書いた私たちは、部活のことを研究している大学教員です。

中澤は、マンガ・映画・小説が大好きで、自由気ままな「部活博士」。内田は、何事もゆるゆるで、ど派手なヘアーの「金髪学者」。

この中澤&内田のコンビで、部活のすべてを解説します（序章・2章は中澤、1章・終章は内田、3章・4章は中澤&内田が書いて、全体を二人で見直しました）。

私たち二人は、中学・高校の部活をもっと楽しくおもしろいものに変えていきたい、と願っています。そして中高生の部活の悩みや苦しみを解決したい、とも願っています。

その願いを実現しようと、これまでに部活のあり方や問題を調査して、学校の先生、保護者、国や教育委員会、一般市民に「部活のあり方を見直そう」と訴えてきました。

でも残念ながら、なかなか部活の問題は解決しません。生徒が本当に楽しめる部活は実現できていません。だから私たちは、中高生のみなさんに直接、本書を通して語りかけようと思いました。

みなさん、部活のあり方を見直しましょう。
部活がおもしろくないなら、おもしろい部活に変えちゃいましょう。
部活が嫌で仕方ないなら、そこにある問題を解決しましょう。
そこそこ部活が楽しいなら、もっと最高に楽しめる部活を実現しましょう。
周りに部活で苦しむ生徒がいるのなら、助けてあげましょう。
みんなで、みんなが笑顔になれる部活にしましょう。

本書を活用して、ぜひ「ハッピーな部活」をつくってください。

目　次

章扉イラスト＝賀茂川、3章・おわりにイラスト＝大庫真理

序章

楽しくない部活はありえない

まずは肩の力を抜いて、みなさんも大好きな部活エンタメ作品の話から始めましょう。担当は部活博士の中澤です。マンガ・映画・小説ならお任せください。

実は、「ハッピーな部活」をつくるためのヒントが、部活を題材にしたマンガ・映画・小説などのエンタメ作品にちりばめられています。みなさんのなかにも、部活マンガを読んでスポーツや文化活動を始めたという人がいるでしょう。憧《あこが》れの主人公のマネをしてみたという人もいるんじゃないですか？

実は私(中澤)も、『キャプテン翼』(高橋陽一)を見て、サッカーを始めました。主人公の大空翼に憧れてオーバーヘッドキックにチャレンジしたこともあります。だから、中学の部活はもちろんサッカー部に入りました。

しかし、ちょうどその頃、『SLAM DUNK』(井上雄彦)が始まって、バスケットボールに魅了されました。大空翼もステキだけれど、桜木花道もカッコイイ。あんなダンクシュートを決めてみたい。ああ何度、サッカー部をやめてバスケ部に転部しようと思ったことでしょう。

　でも、中学校の体育館に設置されているバスケットゴールは高すぎて、中学生の身長ではダンクシュートができません。だから、サッカー部の友人やバスケ部の友人と、卒業したばかりの小学校に行って、ミニバスのゴールでダンクシュートを思い切り決めました。楽しすぎて、繰り返し繰り返しダンクを決めました。すると、さすがに中学生の体重に耐えきれなくなったのか、ミニバスのゴールがグニャっと曲がってしまいました。やっちまった！　小学校の先生に謝りにいきましたが、卒業しても怒られる始末……ごめんなさい。

　今となっては苦い思い出ですが、部活エンタメ作品に憧れてスポーツを楽しんだことは忘れられません。


『キャプテン翼』や『SLAM DUNK』だけでなく、今もたくさんの部活エンタメ作品が、こう教えてくれます——「楽しくない部活はありえない」。

暴力は青春のムダ遣い……『ROOKIES』

　みなさんは、『ROOKIES』(森田まさのり)を知っていますか。

　出てくる野球部員は、ケンカ、タバコ、女遊び、万引きなどに明け暮れる不良生徒たちばかりです。おまけに野球部自体も、暴行事件を起こしてしまい、活動停止状態に。野球をするためにあるはずの野球部なのに、ぜんぜん野球を楽しめません。

そんな時、熱血教師の川藤先生が赴任してきました。川藤先生は、今時古くさいほどに熱っぽく、「夢にときめけ、明日にきらめけ」と大まじめに語りかけます。でも、そう語りかけても不良生徒がすぐに振り向くわけではありません。それでも川藤先生はあきらめない。一人一人に辛抱強く関わり、夢を持って頑張ることのすばらしさを伝えます。

生徒の一人が「……どいつもこいつもくだらねー　部活なんかに本気で燃えやがって！」と言えば川藤先生は「そんな奴らに胸がはれるほど充実した毎日を過ごしているのかーっ⁉　明日死んでも満足なのかぁーっ⁉」と言い返します。

どこまでも情熱的な川藤先生に対して、生徒はいつしか心を開き、一人また一人と変わっていきます。自堕落《じだらく》で暴力的な生活から更生し、仲間と友情を育み、野球に一生懸命になっていきます。

そう、暴力なんて青春のムダ遣い。それに気づいたら、部活にとことん熱中し、努力・友情・勝利に歓喜する青春を送ることができるんです。

不良生徒だった野球部員たちは、新しく生まれ変わりました。野球用語で言えば、まさに

「ルーキーズ（新人選手たち）」。「ルーキーズ」の活躍は、マンガの世界を飛び越えて、テレビドラマや映画にもなり、多くの人に感動を与えました。

みなさんも、こんな風に部活を楽しみたいと思っているでしょう。

といっても、部活の楽しみ方はそれだけではありません。部活はいろいろで、楽しみ方もいろいろです。他の部活エンタメ作品はどんな部活の楽しみ方を教えてくれるでしょうか。

誰でも部活を楽しんでいい……『さよならフットボール』

『ROOKIES』の登場人物は男子生徒ばかりで、女子生徒はマネージャーとして脇役としてしか出てきません。しかし、もちろん部活は男子だけのものではありません。女子も同じように参加していいし、同じように部活を楽しんでいいはずです。

『さよならフットボール』（新川直司）は、中学サッカーの女子選手の物語。主人公・希《のぞみ》（図序-1）は何よりもサッカーが大好きな「じゃじゃ馬」少女です。小学生時代からサッカークラブで毎日、ボールを蹴って過ごしていました。「誰よりも練習して努力して」そのスタイルをつくりあげてきました。

中学では、男子に交じってサッカー部に入ります。男子部員が「女のお前に抜かせるかよ

図序-1　『さよならフットボール　新装版 2』(新川直司, 講談社)

‼」と挑んできても、希は華麗に抜き去ってシュートを決めます。

一昔前だとサッカーは男のスポーツと思われていました。でも最近は、なでしこジャパンが活躍するように、女性の参加が急増しています。『さよならフットボール』は、サッカーや部活を楽しむのに男も女も関係ない、と教えてくれます。

ところが希は、壁にぶつかります。周りの男子部員や男性の顧問教師は、「女のお前と男とではフィジカルが違いすぎる」「体ぶっ壊されるぞ」などと言ってくるのです。それに、この地域の中学校サッカー大会は、「女子は参加できない」というルールがあります。

こうした壁にぶつかると、希もだんだん自信が無くなってくる。「私だけが取り残されていくみたい」「私はなんで女なの」と悩んでしまいます。

しかし希は、サッカーを楽しむという気持ちを捨てることはありません。固定観念や既存のルールを打破して、努力し試行錯誤して成長していきます。サッカーはフィジカルだけではないはずだ、誰にも負けないテクニックを磨けばいいんだ、一対一がダメならパスワークで勝負すればいいんだ、とサッカーの可能性をどんどん広げていきます。

そんな希を見て、他の部員や顧問教師も「女だから」という考えをあらためて、一人のサッカー選手として希を応援し、希の活躍に熱狂します。

部活は誰だって思い切り自由に楽しんでいい。部活を楽しむ権利はみんなに平等にあるんです。

好きこそものの上手なれ……『ちはやふる』

『ROOKIES』の野球のように、運動部が取り上げられがちですが、文化部も実はすごい。ご存じの通り、吹奏楽部や合唱部、演劇部などは人気ですよね。また最近では書道部が、伝統的なスタイルだけでなく、音楽に合わせて集団で歩き回りながらポエムを書き上げるといった、圧巻のパフォーマンスを見せてくれます。

そして忘れてはいけないのが、かるた部です。

え、マイナーでよくわからない？　そんな人に、『ちはやふる』(末次由紀)は、かるた部の魅力を教えてくれます。

『ちはやふる』の主人公・千早《ちはや》は、小倉百人一首の競技かるたをこよなく愛する女子高生。小倉百人一首は、奈良～鎌倉時代に詠まれた五・七・五・七・七の短歌ですが、競技かるたは、これを使った一対一のバトルです。

競技かるたは、年の始まりに親戚同士でのんびり行う「正月かるた」と似ているようでぜんぜん違います。相手プレイヤーより早く札を取れば勝ち、というところは同じです。対して違うところは、読み手が読むのは百人一首の上の句(五・七・五)だけで、プレイヤーはそれに連なる下の句(七・七)の札を取ることです。

だから、競技かるたは、素早く取る技術やスピードだけでなく、百人一首をすべて覚えて、読まれた句を暗記しておく頭脳も必要となります。

千早は、幼少期からこの競技かるたに親しんでいました。だから部活もかるた部に入ろうとしました。でも、マイナー部活ならではの悩みですが、残念ながら、学校にはかるた部がなかったのです。

でも千早はあきらめません。だってかるたが好きだから。そこで千早は、かるた部を新しくつくろうと動き出します。校則では、「最低五名の部員が必要」と決まっています。だから幼なじみのかるた仲間を説得して、小学校時代に対戦したかるた経験者を勧誘して、残りはあと二人となります。千早はターゲットを見つけました。

一人は、伝統文化を大切にする呉服屋の跡取りで、古典オタク女子です。しかし彼女は、世界に誇る小倉百人一首の歌を、早押しクイズみたいにぞんざいに扱う競技かるたを「あんな情趣もへったくれもない競技……」と言って認めません。彼女に接して千早は、競技ではない、小倉百人一首の文化的魅力にあらためて気づきました。

千早は、彼女に教えを請い歌の背景や意味を理解していきます。かるたへの思いに溢《あふ》れる彼女に、千早は「もう百首と友達だよ　強くなるよ」と語りかけ、彼女は入部します。

もう一人は、百人一首にまったく興味が無いガリ勉男子。ストレートに「……スカウトしに来たよ　一緒にかるた部でかるたしよう‼」と熱っぽく口説きました。

しかしなかなかうまくいきません。ようやく入部してくれたものの、勝ちいそぐ千早に対し彼は「全国大会に出るための数合わせなんだよ　だれでもよかったんだ」と叫びます。そうした悩みを聞いて、千早や仲間は「まだ一つのチームになれていない」と反省します。だから、もっと歩み寄ろうとして、互いに深くわかり合おうとします。

部員同士の距離もだんだん縮まり、ようやく全体がまとまりはじめる。そう、チームは時間をかけてつくりあげていくものなんです。

『ちはやふる』は、運動部と同じように、文化部にだって努力・友情・勝利の感動があることを教えてくれます。そして、その感動を味わうためには、仲間を集めて部活をつくったり、頑張らなきゃいけないこともあるんだと教えてくれます。

でも頑張ることは苦になりません。競技かるたが好きだ、という気持ちが原動力なんですから。

自分も知らない可能性に出合う……『柔のミケランジェロ』

部活エンタメ作品の主人公もいろいろなタイプがあるんですよ。

典型的な主人公と言えば、『ROOKIES』のエースピッチャー・安仁屋《あにや》のように、イケメンで格好良くて、能力が高くて自信満々、活発で明るくて、いつも仲間の中心にいる、といったスーパースターを思い浮かべてしまいます。

でも、そんなスターでなくても、部活は楽しめるはず。経験が無かった部活に入って、新しいチャレンジをすることで、自分の知らなかった可能性を伸ばすことだってできるんです。

『柔のミケランジェロ』(カクイシシュンスケ)は文系男子の柔道部物語です。主人公・三毛《みけ》(図序-2)は、柔道経験ゼロ。それまでは絵を描いたり、彫刻をしたり美術活動に励んでいました。実は、隠れた趣味は写真やアニメやフィギュアです。柔道なんて無縁のように思われますが、三毛は、美術トレーニングで鍛えられたすごい能力をもっていました——なんと「相手の重心がわかる」。

三毛は、ぱっと見ただけで相手の重心がどこにあるかがわかります。これまで無意識に、絵画や彫刻に取り組む時、モデルの重心に気をつけていました。フィギュアで好きなポーズをつくる時にも、重心バランスが大切でした。

そんな経験が、なんと柔道に活きてきたのです。柔道は相手を投げたり倒したりするので、相手の重心バランスをいかに崩すかが大切になります。だから相手の重心がわかることは、すごい特殊能力です。

図序-2 『柔のミケランジェロ ①』(カクイシシュンスケ, 白泉社)

三毛は、柔道部に入ったことで、自分も知らなかった自分の隠れた可能性を知りました。

あれ、みなさん荒唐無《こうとうむ》稽《けい》に思いますか？ であれば、『柔のミケランジェロ』のリアルな側面もご紹介しましょう。

一つは、スポーツ科学の力です。

三毛は、美術で鍛えられた特殊能力があるとはいっても、元々文系男子ですから、体力がありません。だから、相手と組み合うと、重心が見えて投げ飛ばそうとするのですが、体力が無いので投げられません。ジョギングやトレーニングをしてもすぐにバテてしまい、試合で勝つどころではありません。

でも、大丈夫。スポーツ科学が明らかにする通り、適切な負荷でトレーニングをして、休息と栄養を適切にとれば、誰でも必ず体力は付きます。科学の法則は偉大ですね。

三毛も、苦手な体力トレーニングに努力して取り組むことで、どんどん体力が付きました。

せっかくもった才能の芽も、努力してこそ花開きます。

もう一つ、このマンガでは、近年社会問題になった柔道部での重大事故について、しっかりと注意が払われています。

顧問の先生は部員たちに「ケガに気をつけろ」と口酸っぱく指導して、決して無理はさせません。あとがきのページにもこう書いています。

※柔道は安全配慮をおこたると取り返しのつかない重大な事故が起き得る競技です。フィクションである本作品には充分な安全配慮に則っていない状況で柔道をするシーンが含まれています。柔道をする際は、くれぐれも安全や健康に留意して取り組んでください。

（カクイシシュンスケ『柔のミケランジェロ』第1巻、あとがき）

部活エンタメ作品で感じたおもしろさを、リアルな部活でも実際に味わうために、ケガや事故を起こさない注意が必要です。楽しむためには無理は禁物、ということですね。

部活仲間の友情は一生の宝……『走れ！　T校バスケット部』

最後に、『ROOKIES』は高校三年間の部活を描いて、映画「卒業」で幕を閉じましたが、部活が終わっても人生は終わりません。

『走れ！　T高バスケット部』（松崎洋）は実話を元にした長編作品（図序-3）です。高校バスケット部の仲間たちの友情が、高校を卒業して大学に入っても、社会人として働きはじめても、変わらず続く様子が描かれます。

でも、物語の始まりは残酷です。主人公・陽介は、元々T高とは別の高校で、特待生選手としてバスケをしていました。そこで陽介は、他の部員からいじめを受けます。陽介の高い能力に嫉妬して、悪口を言われたり、ロッカーやシューズにいたずらされたり、殴られたり……。いじめはどんどんエスカレートして、合宿中の深夜に服を脱がされて裸の写真を撮られる被害も受けました。陽介は「死」を考えるまでに追い詰められてしまいます。部活は閉鎖的な空間でもあるので、いじめも起こりやすい。楽しむために入った部活で苦しむなんて、とても悲しいことです。

陽介はあんなに大好きだったバスケが嫌で嫌でたまらなくなりました。父親がカンカンになって学校へ対応を迫りましたが、陽介本人は傷つき疲れ果て、自主退学し転校することに決めました。陽介は父に「もうバスケットはしません」と伝えます。

そうしてやってきたのがT高です。陽介は、T高ではバスケ部に入らないつもりでした。あんな嫌な経験をするのはゴメンだし、もう部活なんてやらない、と。

そこに、人なつっこく底抜けに明るい仲良しグループの同級生たちが「いっしょにバスケットしようよ」と誘ってきます。「バスケット好きじゃないんだ」と断っても、強く誘われて、陽介は仕方なくT高バスケ部を見に行きました。バスケ部は、お世辞にも上手とは言えないけど、笑顔が絶えず、みんなとても楽しそうにしています。

そんな雰囲気に乗せられて、陽介は久しぶりにバスケットボールに触れた。すると……からだ中に電気が走った！　と同時に、本当はバスケが好きという感情が心の奥底から溢れてきました。「バスケットしようよ」という誘いは、陽介にとって救いの手になりました。

「父さん、またバスケットをやってもいいかな」。陽介は恐る恐る聞いてみると、父は「今度は、楽しめよ」と言ってくれました。陽介はT高バスケット部に入部し、最高の仲間たちと笑い合い、励まし合い、競い合い、助け合い、思い切りバスケを楽しみます。やっぱり部活はとことん楽しまなきゃダメですよね。

図序-3 『走れ！　T校バスケット部 ①〜⑨』(松崎洋, 幻冬社文庫)

部活は陽介をどん底にまで苦しめたけど、そんな苦しみを救ってくれたのも、また部活だったんです。

めでたしめでたし、と言いたいところですが、物語は部活を引退しても続きます。陽介はT高を卒業して、この後どうしようかと悩みますが、大学でもバスケを続けます。プロ選手を目指そうかと悩むこともありましたが、教師になることを選びます。そして教師として高校バスケ部の顧問に就き、やはり悩みながら指導者人生を歩みはじめます。

こうした進路選びや人生の過ごし方で悩んだ時、いつも相談に乗ってくれたのが、T高バスケ部の仲間たちでした。

かつてのバスケ仲間は、寿司屋の大将になったり、陸上短距離選手になったり、サラリーマンになったり、海外で途上国支援をしていたり、それぞれの人生を歩んでいます。でも、部活仲間の友情はいつまでも変わらず、陽介を支えてくれました。

陽介のように、在学中に今目の前の部活を楽しむことに加えて、そこで培《つちか》った友情が一生の宝になるなんて、うらやましい。逆に言えば、その場限りで部活を刹那的に楽しむだけではもったいない。

部活で良き仲間が得られたなら、その友情は一生の宝になるんです。

部活エンタメ作品は、楽しくなければ部活じゃない、と教えてくれます。でも、みなさんのなかには、しょせんフィクションでしょ、現実の部活は甘くないよ、と思う人もいるでしょう。

それでは、実際に部活を楽しむために、どうすればいいでしょう。なぜ現実には、楽しくない部活もあるのでしょう。それを考えるために、今目の前にある部活のあり方をいったん「解体」してイチから見直してみたいと思います。

では、金髪学者の内田にバトンタッチして、「部活解体新書」の始まりです。

1章

部活解体新書

おとなが教えてくれない部活の本当の形

通知表を開いてみよう

小中高を問わずみなさんは、年に二〜三回ほど、先生から「通知表」をもらっていると思います。

通知表とは、あなたが学校でどのような様子であったかについて、学校があなた自身やあなたの保護者に「通知」する書類です。学校や地域によっては「通信簿」や「学習のあゆみ」と呼ばれているところもあります。

呼び方が違うことからもわかるように、通知表はそれぞれの学校が独自に作成するものです。全国でみんな同じフォーマットの通知表をもらっているわけではありません。ただそうは言っても、丸っきり違うということではなく、だいたい全国どの学校も似通っています。

さて、みなさん学期末に通知表をもらう時には、毎回ドキドキすることでしょう。それもそのはず、通知表とは、あなたにとっても、学校にとっても、大事なことが記されている書類です。

その大事な書類のなかで、部活はどう位置づいているのか。一度、自分の通知表を開いて

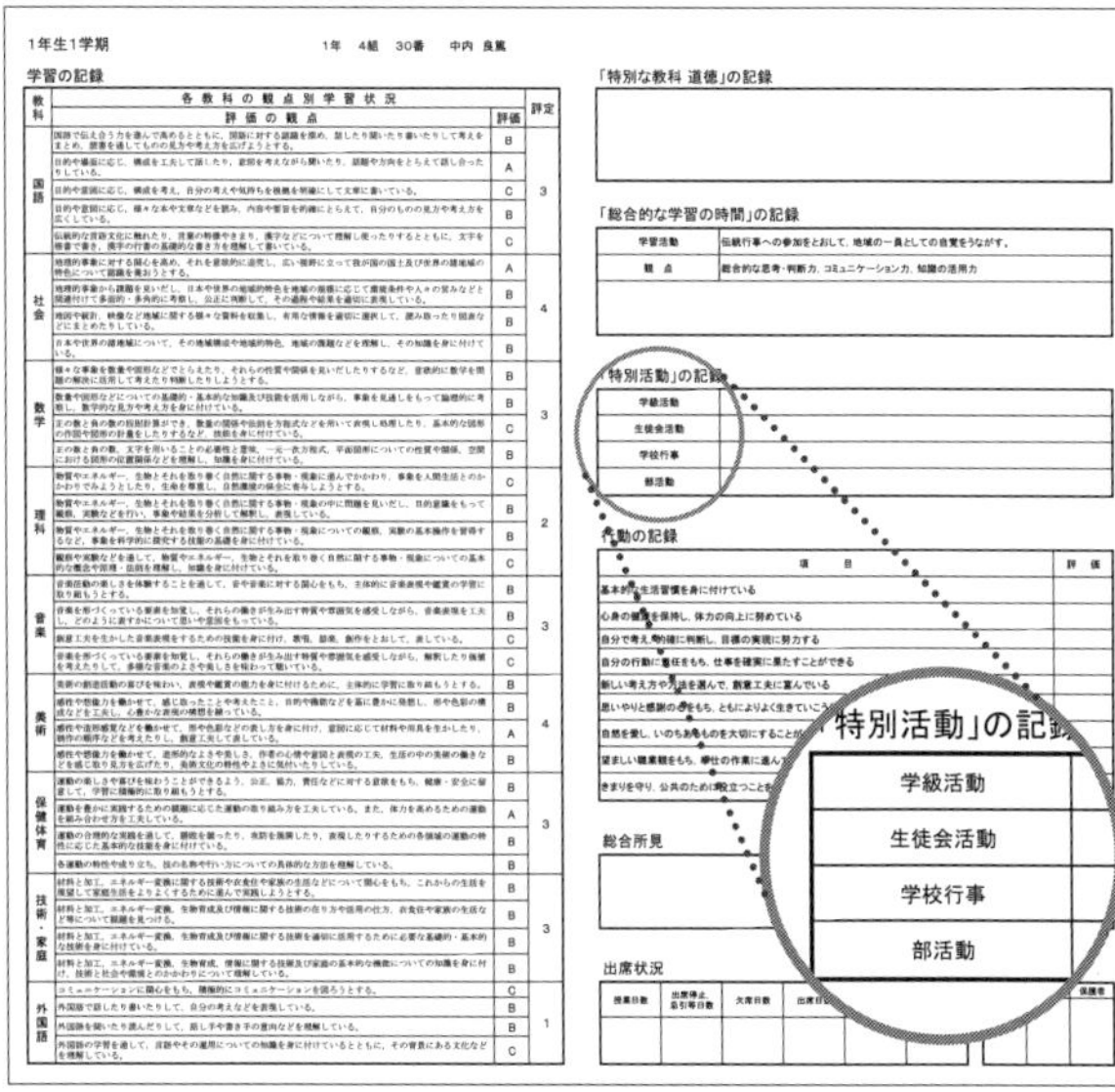

1年生1学期　　1年　4組　30番　中内 良篤

学習の記録

教科	各教科の観点別学習状況　評価の観点	評価	評定
国語	国語で伝え合う力を進んで高めるとともに、国語に対する認識を深め、話したり聞いたり書いたりして考えをまとめ、読書を通してものの見方や考え方を広げようとする。	B	3
	目的や場面に応じ、構成を工夫して話したり、意図を考えながら聞いたり、話題や方向をとらえて話し合ったりしている。	A	
	目的や意図に応じ、構成を考え、自分の考えや気持ちを根拠を明確にして文章に書いている。	C	
	目的や意図に応じ、様々な本や文章などを読み、内容や要旨を的確にとらえて、自分のものの見方や考え方を広くしている。	B	
	伝統的な言語文化に触れたり、言葉の特徴やきまり、漢字などについて理解し使ったりするとともに、文字を楷書で書き、漢字の行書の基礎的な書き方を理解して書いている。	C	
社会	地理的事象に対する関心を高め、それを意欲的に追究し、広い視野に立って我が国の国土及び世界の諸地域の特色について認識を養おうとする。	A	4
	地理的事象から課題を見いだし、日本や世界の地域的特色を地域の規模に応じて環境条件や人々の営みなどと関連付けて多面的・多角的に考察し、公正に判断して、その過程や結果を適切に表現している。	B	
	地図や統計、映像など地域に関する様々な資料を収集し、有用な情報を適切に選択して、読み取ったり図表などにまとめたりしている。	B	
	日本や世界の諸地域について、その地域構成や地域的特色、地域の課題などを理解し、その知識を身に付けている。	B	
数学	様々な事象を数量や図形などでとらえたり、それらの性質や関係を見いだしたりするなど、意欲的に数学を問題の解決に活用して考えたり判断したりしようとする。	B	3
	数量や図形などについての基礎的・基本的な知識及び技能を活用しながら、事象を見通しをもって論理的に考察し、数学的な見方や考え方を身に付けている。	B	
	正の数と負の数の四則計算ができ、数量の関係や法則を方程式などを用いて表現し処理したり、基本的な図形の作図や図形の計量をしたりするなど、技能を身に付けている。	C	
	正の数と負の数、文字を用いることの必要性と意味、一元一次方程式、平面図形についての性質や関係、空間における図形の位置関係などを理解し、知識を身に付けている。	B	
理科	物質やエネルギー、生物とそれを取り巻く自然に関する事物・現象に進んでかかわり、事象を人間生活とのかかわりでみようとしたり、生命を尊重し、自然環境の保全に寄与しようとする。	C	2
	物質やエネルギー、生物とそれを取り巻く自然に関する事物・現象の中に問題を見いだし、目的意識をもって観察、実験などを行い、事象や結果を分析して解釈し、表現している。	B	
	物質やエネルギー、生物とそれを取り巻く自然に関する事物・現象についての観察、実験の基本操作を習得するなど、事象を科学的に探究する技能の基礎を身に付けている。	B	
	観察や実験などを通して、物質やエネルギー、生物とそれを取り巻く自然に関する事物・現象についての基本的な概念や原理・法則を理解し、知識を身に付けている。	C	
音楽	音楽活動の楽しさを体験することを通して、音や音楽に対する関心をもち、主体的に音楽表現や鑑賞の学習に取り組もうとする。	B	3
	音楽を形づくっている要素を知覚し、それらの働きが生み出す特質や雰囲気を感受しながら、音楽表現を工夫し、どのように表すかについて思いや意図をもっている。	B	
	創意工夫を生かした音楽表現をするための技能を身に付け、歌唱、器楽、創作をとおして、表している。	C	
	音楽を形づくっている要素を知覚し、それらの働きが生み出す特質や雰囲気を感受しながら、解釈したり価値を考えたりして、多様な音楽のよさや美しさを味わって聴いている。	C	
美術	美術の創造活動の喜びを味わい、表現や鑑賞の能力を身に付けるために、主体的に学習に取り組もうとする。	B	4
	感性や想像力を働かせて、感じ取ったことや考えたこと、目的や機能などを基に豊かに発想し、形や色彩の構成などを工夫し、心豊かな表現の構想を練っている。	B	
	感性や造形感覚などを働かせて、形や色彩などの表し方を身に付け、意図に応じて材料や用具を生かしたり、制作の順序などを考えたりし、創意工夫して表している。	A	
	感性や想像力を働かせて、造形的なよさや美しさ、作者の心情や意図と表現の工夫、生活の中の美術の働きなどを感じ取り見方を広げたり、美術文化の特性やよさに気付いたりしている。	B	
保健体育	運動の楽しさや喜びを味わうことができるよう、公正、協力、責任などに対する意欲をもち、健康・安全に留意して、学習に積極的に取り組もうとする。	B	3
	運動を豊かに実践するための課題に応じた運動の取り組み方を工夫している。また、体力を高めるための運動を組み合わせ方を工夫している。	A	
	運動の合理的な実践を通して、技能を競ったり、攻防を展開したり、表現したりするための各領域の運動の特性に応じた基本的な技能を身に付けている。	B	
	各運動の特性や成り立ち、技の名称や行い方についての具体的な方法を理解している。	B	
技術・家庭	材料と加工、エネルギー変換に関する技術や衣食住や家族の生活などについて関心をもち、これからの生活を展望して家庭生活をよりよくするために進んで実践しようとする。	B	3
	材料と加工、エネルギー変換、生物育成及び情報に関する技術の在り方や活用の仕方、衣食住や家族の生活など等について課題を見つける。	B	
	材料と加工、エネルギー変換、生物育成及び情報に関する技術を適切に活用するために必要な基礎的・基本的な技術を身に付けている。	B	
	材料と加工、エネルギー変換、生物育成、情報に関する技術及び家庭の基本的な機能についての知識を身に付け、技術と社会や環境とのかかわりについて理解している。	B	
外国語	コミュニケーションに関心をもち、積極的にコミュニケーションを図ろうとする。	C	1
	外国語で話したり書いたりして、自分の考えなどを表現している。	B	
	外国語を聞いたり読んだりして、話し手や書き手の意向などを理解している。	B	
	外国語の学習を通して、言語やその運用についての知識を身に付けているとともに、その背景にある文化などを理解している。	C	

「特別な教科 道徳」の記録

「総合的な学習の時間」の記録

学習活動	伝統行事への参加をとおして、地域の一員としての自覚をうながす。
観点	総合的な思考・判断力、コミュニケーション力、知識の活用力

「特別活動」の記録

学級活動	
生徒会活動	
学校行事	
部活動	

行動の記録

項目	評価
基本的な生活習慣を身に付けている	
心身の健康を保持し、体力の向上に努めている	
自分で考え、的確に判断し、目標の実現に努力する	
自分の行動に責任をもち、仕事を確実に果たすことができる	
新しい考え方や方法を選んで、創意工夫に富んでいる	
思いやりと感謝の心をもち、ともによりよく生きていこう	
自然を愛し、いのちあるものを大切にすることが	
望ましい職業観をもち、奉仕の作業に進んで	
きまりを守り、公共のために役立つことを	

総合所見

出席状況

授業日数	出席停止、忌引等日数	欠席日数	出席日数					保護者

図1-1　通知表の例(中学1年生の1学期)(内田が独自に作成)

確認してみましょう。

その前に、まずもって通知表のなかでいちばん目立っていて、実際にみなさんもいちばん気にしているのは、各教科の「評定」ですよね。中学校の場合、一般的には、「観点別学習状況」の評価(A～Cの三段階)をもとにして、それを総合した「評定」が一～五の五段階で表記されます。各教科の「観点別学習状況」と「評定」だけで通知表の半分くらいが占められていることでしょう(図1-1)。

また通知表には、「観点別学習状況」や「評定」の対象とはならないけれども、授業として行われている「総合的な学習の時間」や「特別活動」(学校行事や生徒会活動)についても、何らかの評価が記載されています。

さらには、日頃の学校における「行動」や「出欠」の状況も記録されています。そして「所見」の欄には、上記の項目が総合的にまとめられたり、あるいは上記の項目以外の内容が記入されたりします。

以上が、ごく一般的な中学校の通知表の例です。

部活は影が薄い

すでにお気づきのように、通知表のなかで、部活というのはとても影が薄いんですよね。学校によっては「部活動」の欄が設けられていることもあるでしょうが、そうだとしても、せいぜい所属している部活名が記されているだけです。

ちなみに、今、「部活動」と書いたのは、それが正式な名称だからです。みなさんの普段の話し言葉は「部活」。でも、正式には「部活動」。だから、通知表や調査書(内申書)といった大事な書類や、国や自治体などが作成する公的な文書には、「部活動」という言葉が使われます。この本では、基本的には話し言葉の「部活」を用いますが、正式な名称を言い表す場合には「部活動」を用いることにします。

通知表のなかで、部活は影が薄い。もし部活のことが書かれているとすれば、多くの場合、「特別活動の記録」や「総合所見」などの欄で、ほんの少しだけ言及される程度。もちろん、まったく記入がないこともありえます。

「出欠」の状況については、厳密な日数が記されていますが、これは授業や学校行事を休んだ場合の「出欠」の記録です。部活で放課後の練習をどれだけ休んでも、出欠の欄で「早退」にカウントされることはありません。

そして部活では、平日は数時間、土日は試合ともなれば一日中活動していますよね。みなさん、それなりに多くの時間を部活に費やしているはずです。

一週間のなかで、特定の部活(たとえばサッカー部)と特定の教科(たとえば国語)を比べてみると、きっと部活の活動時間の方が長いことでしょう。国語であれば全国どこの学校でも、平日五日間にだいたい計四時間ほどが割り当てられています。もちろん土日に国語の授業はありません。サッカー部は、平日一日あたり二時間くらいは活動していますよね。平日に三日間活動すれば、それだけで六時間に達し、国語の四時間を超えてしまいます。しかも部活では土日にも練習や大会があります。

だけれども通知表では、国語のことは「観点別学習状況」として細かく評価されるいっぽうで、部活のことはほとんど何も書かれない。なぜこれほどまでに、通知表のなかで部活は存在感が薄いのでしょう?

危険な廊下を走らされる

その答えを探る前に、今度は部活の日常風景から、学校における部活の位置づけを考えてみましょう。

みなさん、部活の練習時に、廊下を使うことがありますよね。

廊下をダッシュする、校舎内を使って長距離を走る、廊下に並んで筋トレに励む、楽器のパート練習をするなど、部活の練習は、廊下や階段を含むさまざまな空きスペースで行われます。私(内田)自身も中学校時代には、卓球部の練習で校舎の一階から三階までを何周も走った記憶があります。

ところが、放課後の部活が始まるつい直前の時間まで、みなさんが廊下を走れば、先生たちはどのようなことを言ってきたでしょうか。

そう、「廊下を走るな!」です。学校のきまりとして、廊下を走るのは禁じられていたはず。

廊下は歩く場所であり、そこを走れば、滑って転ぶかもしれないし、廊下の角や教室のなかから出てきた人に勢いよく衝突してしまうかもしれません。事故防止のために、廊下は歩いて渡るべきものです。

授業が終わって放課後になった途端に、廊下が急に安全になるということはありません。放課後であっても、移動のために廊下を歩く人はたくさんいます。死角も、変わらずたくさんあります。

それにもかかわらず部活が始まると、みなさんは、走ってはならないはずの廊下をむしろ走るように指示されます。さらには学校もその様子を、「外は雨ですが、子どもたちは廊下でトレーニングに励んでいます」と、ウェブサイトに写真付きで公開しています。

「廊下を走るな！」と言っていた先生たちが、生徒のみなさんに廊下を走るように指示し、その様子を堂々とウェブサイトにアップしている。何とも不思議なことが起きています。

やってもやらなくてもいい

ここで授業の時間帯のことを思い起こしてみましょう。

休み時間を含めて、廊下を走ることは禁じられています。そして、廊下で授業を受けることもありません。保健体育は体育館やグラウンドで、音楽は音楽室で、国語や数学などは教室で。ちゃんと活動内容に応じた場所が用意されていますよね。体育館にクラスが集まりすぎて廊下を走ることになったり、音楽室が狭すぎて廊下で演奏することになったりということは起きません。

でも部活には、そもそも十分な活動場所が確保されていません。練習をするための十分な場所がないために、仕方なく廊下をはじめとする学校の空きスペースを使うことになっているのです。

練習場所としては決して適切な環境ではなくても、そうせざるをえない。長年そうしてきたので、もはやそれが当たり前。今では生徒のみなさんはもちろんのこと、先生であってもそのことに疑問を抱くことはありません。

それにしても、なぜ授業ではちゃんと場所が確保されていて、部活では十分な場所が準備されていないのでしょうか。授業と部活の、いったい何が違うのでしょうか。

ピンと来た人もいるかもしれません。学校というのは、本来、授業をするために用意されている場ですよね。みなさんは、授業に出席して学習するために、学校に通っているはずです。

だから学校やみなさんにとって、もっとも大事な授業については、そのための場所が足りなくなるということはありません。もし足りなくなれば、新たに教室が増設されたり、その地域にもう一つ新たに学校が建設されたりします。

そのいっぽうで、授業と比べて部活は重要度が高くない。だから、学校の敷地内には十分な練習場所が用意されていないのです。

ちなみに、廊下を走っている時を含めて、部活中にケガをすることがありますよね。そのとき、保健室が閉まっていたという経験はありませんか？

平日の夕方以降や土日、あるいは夏休み中、ケガをして保健室の先生の助けを借りようと思ったら、保健室には鍵がかかっていて誰もいない。これも、保健室は授業時間のために設置されているからです。授業の時間帯にケガをしたり体調を崩したりした場合には、もちろん保健室は開いています。学校というのは基本的に、授業を行うための場なのです。

部活は学校のなかで、ずいぶんと周辺的な位置にあることが見えてきたでしょう。授業と違って、部活というのはじつは、「やってもやらなくてもいい」ものです。

「えっ？　うちの学校はみんな部活やっているけど……」と思った人もいるかもしれませ

ん。でも、授業と同じように部活もみんなが強制的にやるべきことであるならば、まさかそのための場所がないというのは、やっぱりヘンですよね。部活が強制されることについては、また後であらためて考えることとして、ひとまずここでは、部活は「やってもやらなくてもいい」ということを理解してください。

生徒の自主的な活動

みなさんが受ける教育は何のためにあるのか、また具体的にどのようなことを学習すべきなのか。こういったことは、国が定める「学習指導要領」という文書のなかに、基本的な事項が記載されています。

中学校の学習指導要領の目次をご覧ください(図1-2)。国語や社会、数学といった各教科や、道徳、総合的な学習の時間など、みなさんになじみの深い授業の名称が並んでいます。そこに「部活動」の文字は見当たりません。

学習指導要領において部活動は、「第一章 総則」の「教育課程の改善と学校評価、教育課程外の活動との連携等」の項目で、ただ次のように書かれているだけです。

教育課程外の学校教育活動と教育課程の関連が図られるように留意するものとする。特に、生徒の自主的、自発的な参加により行われる部活動については、スポーツや文化、科学等に親しませ、学習意欲の向上や責任感、連帯感の涵《かん》養等、学校教育が目指す資

目次

1

図 1-2　中学校学習指導要領の目次（『中学校学習指導要領』（2017 年 3 月改訂）より）

質・能力の育成に資するものであり、学校教育の一環として、教育課程との関連が図られるよう留意すること。

（『中学校学習指導要領』（二〇一七年三月改訂、二〇二一年度全面実施）より）

＊なお高校の学習指導要領もほぼ同様の記述です。

学習指導要領には、部活動とは「生徒の自主的、自発的な参加により行われる」ものと定められています。「自主的、自発的な参加」ということは、まさに「やってもやらなくてもいい」という意味です。

ただし、「学校教育の一環」と記されているとおり、部活を行うならばそれは学校の活動として行うということです。みなさんが友だちと好き勝手に参加する活動というだけならば、地元のお祭りやボランティア活動、さらには街中でのお買い物や映画鑑賞など、いろいろなものがあるでしょう。部活というのは、それを学校が中心になって運営するということです。

なお、「教育課程」というのは、学校で必ず教えられるべき項目のことです。具体的には、さきほどの学習指導要領の目次にあるとおり、各教科、道徳、総合的な学習の時間、特別活動（学級活動や各種学校行事）が「教育課程」に当たります。「教育課程との関連が図られるよう留意すること」とは、たとえば運動部であれば保健体育で学んだ内容とリンクするよう配慮しなさい、ということです。

つまり上記の学習指導要領の文言をわかりやすく要約すると、「部活は、やってもやらなくてもいい。希望する生徒が集まって、それを学校（教師）が運営する。ただし、せっかく学校でやるのだから、ふだんの授業などとリンクするようにすべき」といった感じです。

以上が、国の学習指導要領にもとづいて整理した、学校における部活の位置づけです。これで、通知表において部活の影が薄い謎《なぞ》も解けました。

みなさんが「やってもやらなくてもいい」ことを、学校側がわざわざ通知表にでかでかと記載する必要はないでしょう。

各教科は「観点別学習状況」にまで細かくわけられて成績が付けられています。各教科は、学校の教育としてもっとも重要なものだからです。だけれど、部活についてはほとんど何も書かれません。通知表には、部活に入らなくてもそのことが明記されることもないし、部活を休んだところで欠席日数として記録されることもありません。

部活に、みなさんは毎日たくさんの時間を費やしています。だから、みなさんの目線からすると、授業以上に大事なもののように見えるかもしれません。でも、通知表や学習指導要領からわかるように、部活というのは公式には学校のなかでは周辺的な存在であり、「やってもやらなくてもいい」ものなのです。

部活の当たり前を「解体」する

学校でみなさんは、当たり前のように部活に参加しています。ところが、それは「やってもやらなくてもいい」活動だった。通知表や廊下での練習というみなさんの日常風景を出発点にして、みなさんにとっての当たり前が「解体」されたのではないかと思います。

ちなみに私たち筆者は決して「部活をやめるべき」と主張したいのではありません。なぜなら、私たちは中高時代に部活で成長した仲間をたくさん知っています。大学にも、部活で自分の能力を開花させた高校生がたくさん入学してきます。部活がすばらしいものであることは言うまでもありません。

そして、だからこそ私たちは、部活の当たり前を「解体」しようとしているのです。部活に限らず、魅力がいっぱいあるほど、その取り組みの問題点を主張することは難しくなります。考えてみてください。みんなが「すばらしい」「楽しい」と口々に言っているときに、「やりたくない」「苦しい」とは言えませんよね。

でも実際には、部活がただただしんどいという中高生もいます。「すばらしい」という声にかき消されているだけで、確実にいる。だとすれば、そうした中高生の悩みの声にもちゃんと耳を傾けて、その上で、できるだけ多くの中高生にとって部活がより魅力的なものになるように考えていくべきでしょう。

部活というのは、「やってもやらなくてもいい」もの、いわば趣味のようなものです。それで楽しい思いをしている人は、部活の効果が最大限に発揮されていると言えるでしょう。だけど趣味としての部活で毎日がしんどかったり、学校に行きたくなくなったりしては、まったく意味がありません。逆効果です。

臭《くさ》いものにフタをしたままで、魅力を語ってはいけません。そのフタを開けて部活の問題点に向き合うという作業を経た上で、みんなにとってより魅力的な部活、よりハッピーな部活を目指していくのです。

部活の強制加入

先ほど説明したように、部活への参加は、義務ではありません。ところが、「うちの学校は強制だった」「みんなどこかの部に入っていた」という人も多いと思います。

実際のところ、部活は生徒全員の強制加入となっている学校が少なくありません。
スポーツ庁の調査によると、公立中学校の三二・五%が、生徒全員を部活に強制的に加入させているとのことです(図1-3)。

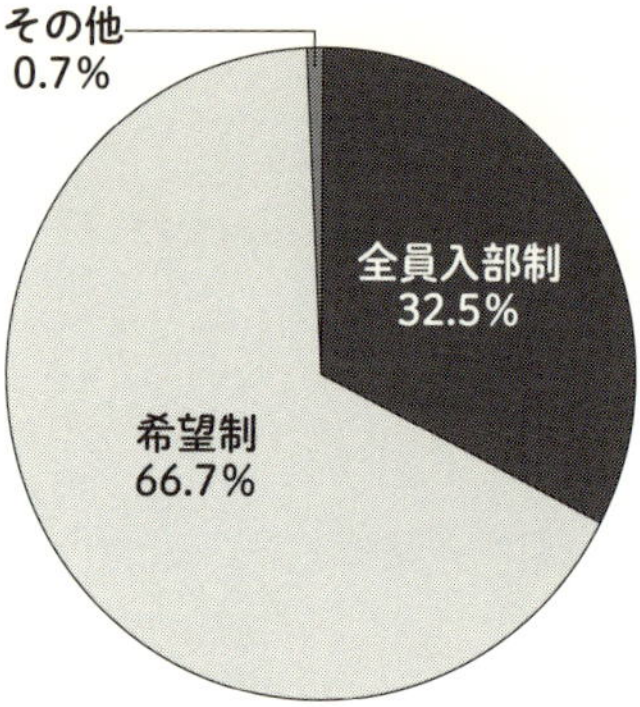

図1-3　部活加入は強制か，希望か(スポーツ庁『平成29年度「運動部活動等に関する実態調査」集計状況』をもとに筆者が作図)

これには地域差があります。人口集中地区と非人口集中地区、つまり都市部と非都市部にわけてみると、その差ははっきりしています。都市部では強制加入の学校は一八・三%にとどまっています。非都市部では半数近くの四四・八%に達します。非都市部において、強制入部の文化が根強いということがわかります(図1-4)。

ただしここで問題なのは、自主的なものが強制されている点です。そもそも「やってもやらなくてもいい」のですから、都市部は一八・三%と割合が少ないとはいえ、その一八・三%の学校では、生徒全員に入部が強制されているのです。自主的な活動であるからには、原則すべての学校において強制入部は「ゼロ%」であるべきですよね。

そして強制ではないとしても、大多数の中高生が部活に参加していることにも注目しなければなりません。

スポーツ庁が二〇一八年度の全国体力テストに合わせて実施した調査によると、中学二年生において、男子は運動部に七七・〇%、文化部に九・三%、女子は運動部に五七・九%、文化部に三二・三%が所属しています（ごく一部ですが運動部と文化部両方に所属している生徒もいます）。運動部と文化部を合わせると、男子と女子いずれも、部活の加入率は約九割に達します（スポーツ庁「平成三〇年度全国体力・運動能力、運動習慣等調査報告書」）（図1-5）。

九割もの中学生が部活に参加している。ということは、結局のところ強制加入ではないとしても、部活をやらなければならな

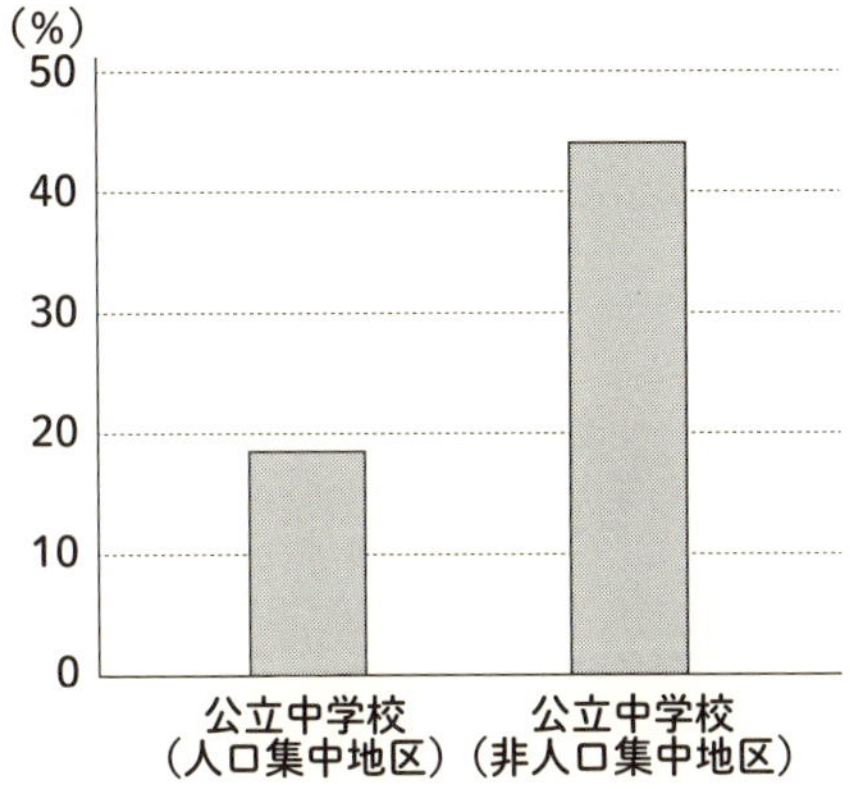

図1-4　地域ごとに見た部活加入の強制状況（人口集中地区／非人口集中地区）（スポーツ庁『平成29年度「運動部活動等に関する実態調査」集計状況』をもとに筆者が作図）

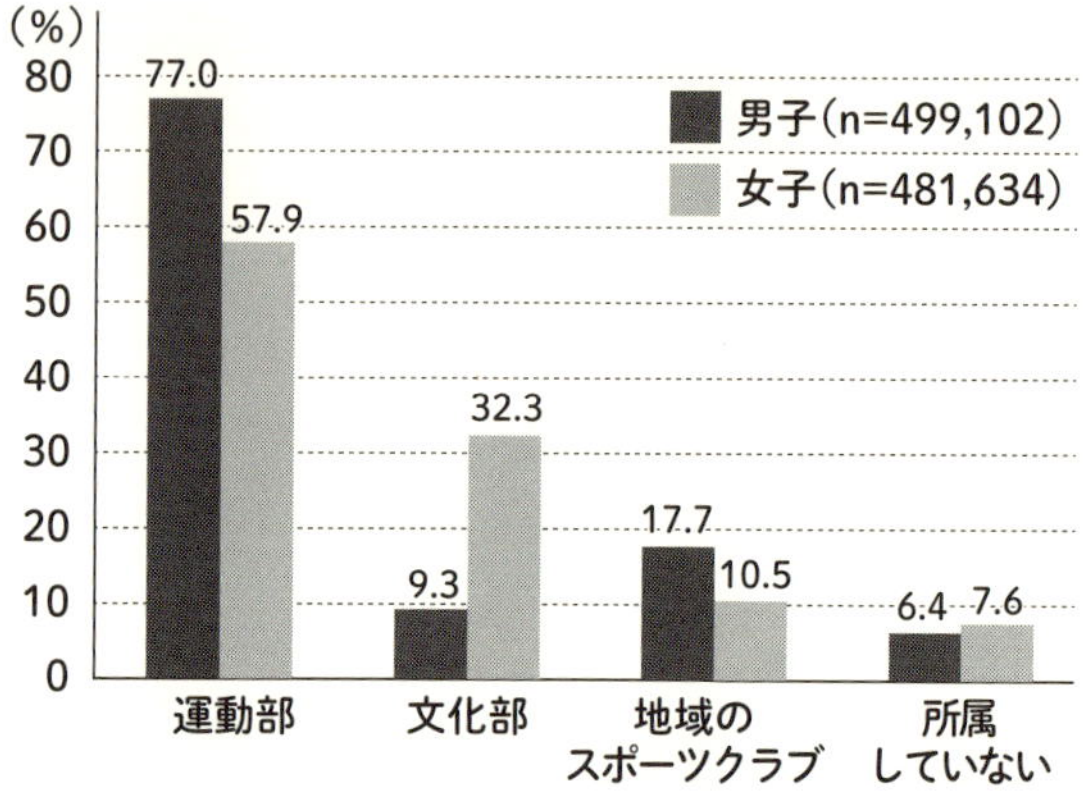

図 1–5　中学生における運動部・文化部の加入率(スポーツ庁『平成 30 年度　全国体力・運動能力，運動習慣等調査報告書』より)

いという半強制の空気があるということなのでしょう。

みなさん、大学の部活のことをご存じでしようか。実は大学では、多くの新入生は部活を継続しません。大学では一般に、「部活に入るべき」という空気がほとんどありません。全国の実態まではわからないのですが、いくつかの個別大学の調査を見てみると、高校で運動部に所属していた生徒のうち、大学でも運動部に入るのは三〜四割。つまり六〜七割の生徒が、運動部から離脱しています。

部活のことを研究している大学教員の私たちは、このことをとても残念に感じています。

せっかく高校までで身に付けた能力や技術が、大学の部活にまでは引き継がれない。学校の教育活動の成果が、大学入学時点で途切れてしまうのです。これは、本当にもったいないことです。高校までの部活がキツすぎたのかな？　趣味というよりも無理にやらされ続けていたのかな？　そんな疑念が、頭をよぎります。

自主的なのになぜ強制されるの？

自主的なのに、なぜか強制的。不思議なことですよね。

そもそも部活の練習のなかで、「自主練」というメニューがあること自体、何ともヘンな現象です。

朝練や昼練、夜間、土日、お正月休み・お盆休み中の練習などは、しばしば「自主練」と呼ばれます。顧問の先生がたとえば、「朝練は自主練だから、来れる人だけ来なさい。強制ではありませんから」と言いますよね。でも、そもそも部活そのものが自主的な活動、つまり自主練だったはずです。

さらに不思議なのは、その自主練に顧問の先生はもちろんのこと、部員もほぼ全員が集合します。自主的な活動である部活に全員が参加し、さらにはそのなかの自主練にまた全員がやってくる。部活における「自主的」というのは、いったい何なのでしょう？　本当にワケがわかりません。

なぜこんな不思議なことが起きてしまうのでしょう？　そこにはさまざまな理由が考えられますが、そもそも部活をどのようなものにするかは学校次第ですから、ここでは学校側・教師側の事情を考えてみましょう。

結論を先に言うと、部活がほぼ強制的なものになっているのは、まさに部活が魅力溢れる活動だからです。

部活は授業とは違って、何をやるかは、自分で選択できます。必ずしも十分な種類の部活が用意されているわけではないかもしれませんが、それでも先生があなたに特定の部活を押しつけてくることはないでしょう。

授業は原則、選択の余地はありません。でも部活は原則、選択できます。子どもが自分でやりたいものを選べる。なんてステキなことでしょう。

しかも部活では同じ仲間で三年間にわたって練習し、試合やコンクールに出場します。チームの連帯感が高まり、先輩と後輩関係も経験できます。試合やコンクールに勝つという目標に向けて、努力を重ねることの大切さも学べます。こういったことは、授業ではなかなか味わうことができません。

さらには放課後の時間帯や土日に、学校の先生の目が届くところにいる限り、規律正しい生活を送ることになるでしょう。部活がなければ、ずっと遊んでしまうかもしれません。犯罪的な行為や集団に近づいてしまうこともありえます。

部活は、学校という教育の場にみなさんをずっと引きつけておくはたらきをもっています。しかも、授業では得られないさまざまな教育効果を、得ることができる。

こうして、「部活とはなんてすぐれた教育活動でしょう！」と、部活のすばらしさを感じ取ったとします。このとき、「これほど魅力あるものなのだから、ぜひとも生徒には参加してもらいたい」という何ともお節介な気持ちが、先生たちの間に生まれてきます。

みなさんも、自分が好きな食べ物や、好きなアーティスト、好きな活動を、友人に伝えたいと思うことがあるでしょう。「いちど、試してごらん。絶対にイイから！」と。

「部活は、教育的に絶対にイイものだ！」――この感覚や信念が、部活の強制につながっていくのです。

部活をやめると内申に響く？

私（内田）はこれまで中学校や高校の先生たちに、何度も部活のすばらしさを説明されたことがあります。

部活をとおして、生徒がいかに成長したか。授業では見せない生徒の表情が、そこにある。「部活は、とても大事な活動です。卒業後に、担任のクラスの生徒と会うことはほとんどないけれど、部活の生徒とは、今でも夏に毎年会って、成人後にはお酒を酌《く》み交わしています」というアツイ語りは定番です。目に涙を浮かべながら、話す先生もいる。先生自身が部活の効果を、身をもって体験しているのです。

だからこそ、部活は強制されるし、いったん参加すればそれを続けることが求められます。部活の顧問が、「部活やめたい」という生徒をなんとしてでも引き留めようとするのは、よくある話ですよね。「今まで、みんなで一緒にやってきたのに、それを台無しにするのか」「それでは、世の中に出ても生きていけない」といった厳しい言葉が生徒に投げつけられることもあります。

部活をやめようとしたとき、そうした顧問の言葉とともに、生徒の心には、ある不安がよぎります——「部活をやめたら、内申に響いてしまう……」。

内申というのはみなさんご存じのとおり、高校受験の際に中学校から高校へ、あるいは大学受験の際に高校から大学へ伝えられる、生徒個人の成績等を記した書類のことを指します。

正式には「調査書」と言い表されていますが、俗には「内申(書)」と呼ばれています。

部活をやめてしまったり、部活にあまり熱心でなかったりすると、内申書にそれが書かれてしまい、入試のときに不利になる。こういった不安は、生徒本人以上に、保護者の方が感じているように見えます。内申書のことを気にして、「部活は続けた方がいい」という保護者は少なくありません。

内申書＝悪口禁止

それでは実際のところ、内申書にはどのようなことが記載されているのでしょうか。

その答えは簡単です。中身は、通知表とほとんど同じです。

通知表が、学校におけるあなたの様子を本人や保護者に伝えるものだとすれば、内申書はそれを進学希望先に伝えるものです。目的が違うからには、中身にも多少の違いはありますが、基本的には同じようなものだと考えてよいです。

つまり、内申書においてもっとも大事なのは、各教科の「評定」(一～五の五段階)です。

そして部活のことは、その記入欄が設けられていることもあれば、「所見」の欄に記載されることもある。もちろん、いっさい記載されないということも、ありえます。

そして強調しておきたいのは、基本的に内申書には、生徒の悪口は書かれないということです。「部活動をやめた」とか「忍耐力がない」ということは記入されません。だって入学試験を受けるときの大事な提出書類に、担任が自分の生徒の悪口を書くわけがありません。部活をやっていなければ、その代わりに、「公民館が主催するイベントの企画を手伝った」や「英検○級の取得など、英語の勉学に励んだ」といった前向きなことが記入されるのです。

スポーツ推薦や文化推薦をはじめ部活の成績が特別視される入試形態を除けば、一般的に言って、内申書における部活の記入事項が入試の合否に与える影響は小さいです(ただし、自治体によって違いがあるので、詳しくはちゃんと進路に詳しい先生に確認してくださいね)。

しかも入試というのは、言うまでもなく当日の試験の成績が大きな影響力をもちます。内申書も影響力がありますが、内申書のなかでは何よりも評定が重要です。

もしたんに入試に合格したいだけであれば、部活に費やす多くの時間を、各教科の勉強に費やした方が、はるかに効率がよいということになります。そうすれば、内申書の評定で高い評価を得られるでしょうし、当日の試験でも高得点が得られるはずです。

だからといって、部活をさっさとやめるべきだとは、私たち筆者は考えていません。やりたいなら、やればよいのです。自分が好きなスポーツや文化活動を思う存分楽しむ。ただ、部活への参加度やそこでの成果が入試の合否につながらなくてもよいのでは？　ということです。

趣味的な活動が、自分の人生を左右するなんて、そんなの疲れるじゃないですか。それよりは、評定や入試のことなんて考えずに、純粋にその活動に打ち込めるような方がよいと、私たちは思うのです。

おとなは趣味として、ジョギングや水泳、テニス、ヨガ、合唱、料理など、いろんなことを楽しんでいます。でも、それは給料にはいっさいつながりません。とっても気楽な世界です。

泳げない水泳部顧問——先生たちも悩んでいる

中学生になったら部活に入って、毎日頑張らなきゃいけない。そう思っていた人にとっては、今、部活の当たり前がガタガタと音を立てて崩れているのではないでしょうか。

ここまでは、生徒であるみなさんの立場から、部活の当たり前を解体してきました。つぎに部活の顧問の立場について考えたいと思います。

先生が部活を指導し、大会にみなさんを引率するのは、当たり前の風景です。ところが教育界では今、それは教職あるいは労働のあり方としてマズいんじゃないの？という話題で持ちきりです。

でも先生たちは、なかなかそんなことを生徒のみなさんには教えてくれません。以下、生徒のみなさんにはほとんど語られることのない意外な事実を、いくつか明らかにしていきましょう。

さて、あなたの部活では、顧問の先生はその道の達人でしょうか？　それなりの実績がある先生もいれば、いっぽうで「完全など素人」という先生も多いことでしょう。

泳げない水泳部顧問、楽譜が読めない吹奏楽部顧問、ノックができない野球部顧問、字がヘタな書道部顧問、囲碁にしか興味がない将棋部顧問……。指導者としてはまったく力がない先生が、顧問に就いていることが多々あります。

「私は国語の教員で、数学はまったく苦手ですが、これから一年、みなさんの数学を担当します」ということはありえませんよね。各教科に比べると、部活はずいぶんといい加減に運営されています。

もちろん先生たちは、顧問を引き受ける以上は、自腹で指導書やルールブック、ＤＶＤを買ったり、休日に指導者講習会に参加したりして、こっそりと学習や練習を重ねます。そう

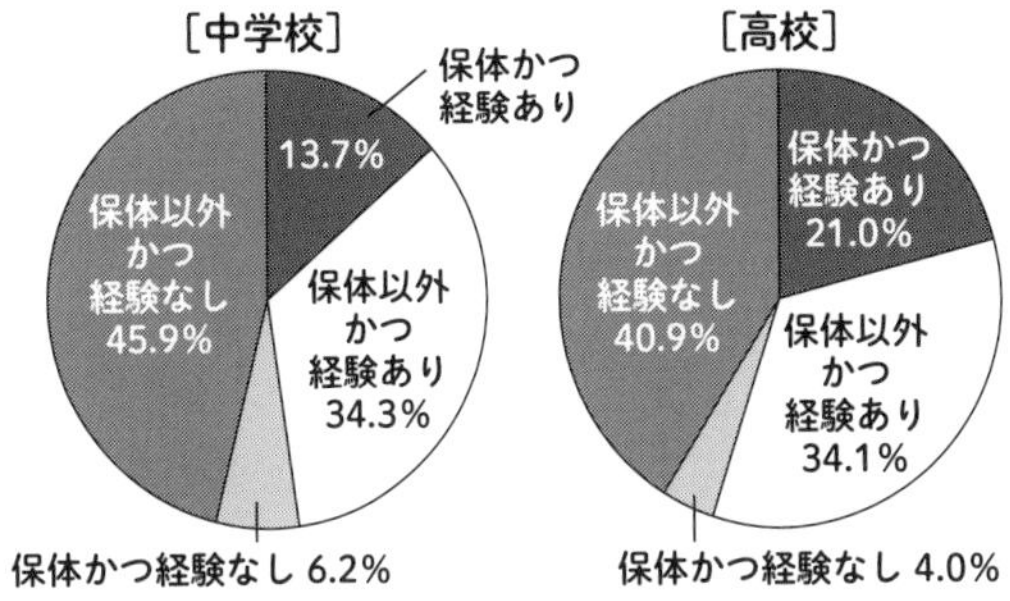

図 1-6　運動部活動の顧問教員における競技経験の有無(図中の「保体」は「保健体育」の略)(日本体育協会『学校運動部活動指導者の実態に関する調査報告書』をもとに筆者が作図)

はいっても、経験の量からいうと、むしろみなさんの方こそ経験が多かったりします。

実際に、日本体育協会が実施した運動部活動に関する調査では、保健体育の教員以外でかつ当の競技種目の経験がない顧問が、中学校では全体の四五・九%、高校では四〇・九%を占めています(図1-6)。つまり中学校も高校も運動部の先生は、半数近くがまったくの素人ということになります。先生たちは、各種スポーツや文化活動を指導するための専門的な知識や技能を持ち合わせていません。

先生たちはいわば、「教科指導のプロ」です。各教科を指導するための知識や技能を、大学四年間で、しっかりと身に付けます。その上で、みなさんの地域の教員採用試験を突破して、教員として働いているのです。

ところが部活については、基本的にその指導方法を学ぶ授業は、大学に用意されていません。先生たちは、大学では部活のことをいっさい学ばないまま、部活の顧問に就いているのです。

それにしても、先生はなぜ部活について大学で学ばなくてよいのでしょうか？

その答えはすでに出ています。生徒のみなさんは、部活を「やってもやらなくてもいい」からです。「やってもやらなくてもいい」ようなことを、わざわざ大学で教える必要はありません。

ただ現実には、練習場所が用意されていなかったように、部活では指導者も用意されていません。だから、先生たちは自身の経験や希望の有無とは関係なく、部活の顧問を割り当てられてしまうのです。その結果、多くの「ど素人顧問」が生み出されるのです。

先生たち過労死しちゃうかも……

私は今こうして、中高生のみなさんに向けて文章を書いていますが、ふだんは大学生を教えています。大学生にとっていちばん大事なことは「卒業論文」を書くことです。

提出期限が近づいてくると、学生もかなり焦《あせ》ってきます。そして、夜間や土日にもかかわらず、「アドバイスください！」と私にメールを送ってくることがあります。

忙しい時には、私はそうしたお願いはちゃんと断ります。でも、学生のことを考えると、やっぱりしっかりと指導をした方がよい。だから時間がある場合には、それなりに対応します。

数日すると、「アドバイスを受けて、書き直してみました！」と、学生から再び連絡がきます。その新たな原稿は、とてもよい仕上がりに近づいていきます。このとき、「この前は休みの日だったけど、ちゃんと指導してよかった〜」とうれしくなるものです。

これが、「教育」という活動のやっかいなところです。

自分の指導生が成長する姿を見るのは、大学教員としてとても幸せなこと。だから、学生から「アドバイスください！」とお願いされると、つい引き受けてしまう。でも夜間や休日なら、本当は、私は休むべきでしょう？

さきほど、部活がほぼ強制されてしまう仕組みを説明しました。それも同じです。

部活で生徒のみなさんが成長した姿を見ると、先生たちは「指導してよかった〜」と報われます。ましてや、素人ながらに密かに勉強して講習を受けて、その部の指導ができるようになって、そこで生徒が成長していこうものなら、これほど教師冥利《みょうり》に尽きるものはありません。だからそこで、「絶対にイイものだ！」と、部活の強制が始まるのです。

そしてこれが、先生たちの長時間労働へとつながっていきます。みなさんは、先生たちの残業時間がとても多いということを、一度は耳にしたことがあるでしょう。

二〇一六年度に文部科学省（以下、文科省）が公立の小中学校教員を対象に実施した「教員勤務実態調査」（確定値）によると、公立校教員における月平均の残業時間は、中学校で約八一時間であることが判明しました。平均値が過労死ラインを超えてしまっています。

過労死ラインというのは、厚生労働省が定めた基準で、残業時間が一カ月あたり八〇時間を超えると、過労死や過労自殺のリスクが高まるとされます。つまり、先生全体がきわめて過酷な労働状況に置かれているということです。しかも後で述べるように、平日は残業代の支払いがなく、土日は特別に部活を指導した場合に限って数千円が支払われるのみです。

「教員勤務実態調査」は、一〇年前の二〇〇六年度にも行われています。

一〇年前と比べてみると、公立中学校では学校内での労働時間が、平日一日あたり三二分、土日一日あたり一時間四九分も増加。この土日の増加分のうち、部活が一時間三分を占めています。つまり一〇年の間に、中学校の先生たちは、とりわけ部活で忙しくなったということが言えます。

過熱を止められない

先生たちは必ずしも自分が得意とする活動を指導しているわけでもなく、しかも長時間にわたる労働で疲弊《ひへい》している。ならば、先生自ら部活の練習や試合を減らせばいいのに……。

ところが、部活は楽しく魅力ある活動であるからこそ、いったんそのすばらしさを味わってしまうと、先生自身を含めて、もう誰もそこにブレーキがかけられなくなります。

ここで二〇一六年夏にブラジルのリオデジャネイロで開催された、オリンピック・パラリンピックでの出来事を一つお話ししましょう。

リオデジャネイロ・オリンピックでは、オリンピック四連覇をかけて闘った選手がいました。レスリング女子の吉田沙保里《さおり》選手です。二〇一九年に引退を表明しましたが、それまで長年にわたって、世界最強の選手としてレスリング界を牽引《けんいん》してきました。

吉田選手は順調に勝ち上がり、決勝戦までやってきました。ところが決勝戦で、吉田選手はアメリカの選手に敗れてしまったのです。試合直後、吉田選手はテレビカメラの前で、「銀メダルに終わってしまって申し訳ないです」と涙ながらにあやまりました。

いっぽうで同じ銀メダルでも「快挙」の銀メダルもありました。陸上競技の男子四×

一〇〇メートルリレーです。四人の選手は、男子トラック種目として当時日本にオリンピック史上初の銀メダルをもたらしました(二〇〇八年北京オリンピックでは同種目で銅メダルでしたが、金メダルのジャマイカがドーピングにより失格となったため二〇一八年に銀メダルに繰り上げられています)。そして四選手は翌日の記者会見で、二〇二〇年東京オリンピックに向けて、ケンブリッジ飛鳥選手の「リレーでは今回以上のメダルを取れるように頑張りたい」という回答をはじめ、全員が金メダルを目指したいと意欲的に語ったのでした。

「勝つこと」が求められる世界では、私たちは一つ成果をあげると、今度はそれ以上のものを期待してしまいます。銅メダルをとればつぎは銀メダルを、銀メダルをとればつぎは金メダルをと、ハードルはあがっていきます。きっとかつては銅メダルをとっただけでみんなが大喜びしていたのに、いつの間にかアスリート本人も、周囲の人も、テレビの視聴者も、もはや銅メダルでは満足できなくなってしまう。

部活も同じような仕組みのなかで過熱してきました。連日の練習は、たしかにつらい。だけど、試合に勝てばうれしい。いったん勝てば、次回はそれと同等以上の成果を得たくなる。これまで以上の喜びを得るために、勝利のハードルはまた一つあがっていく。

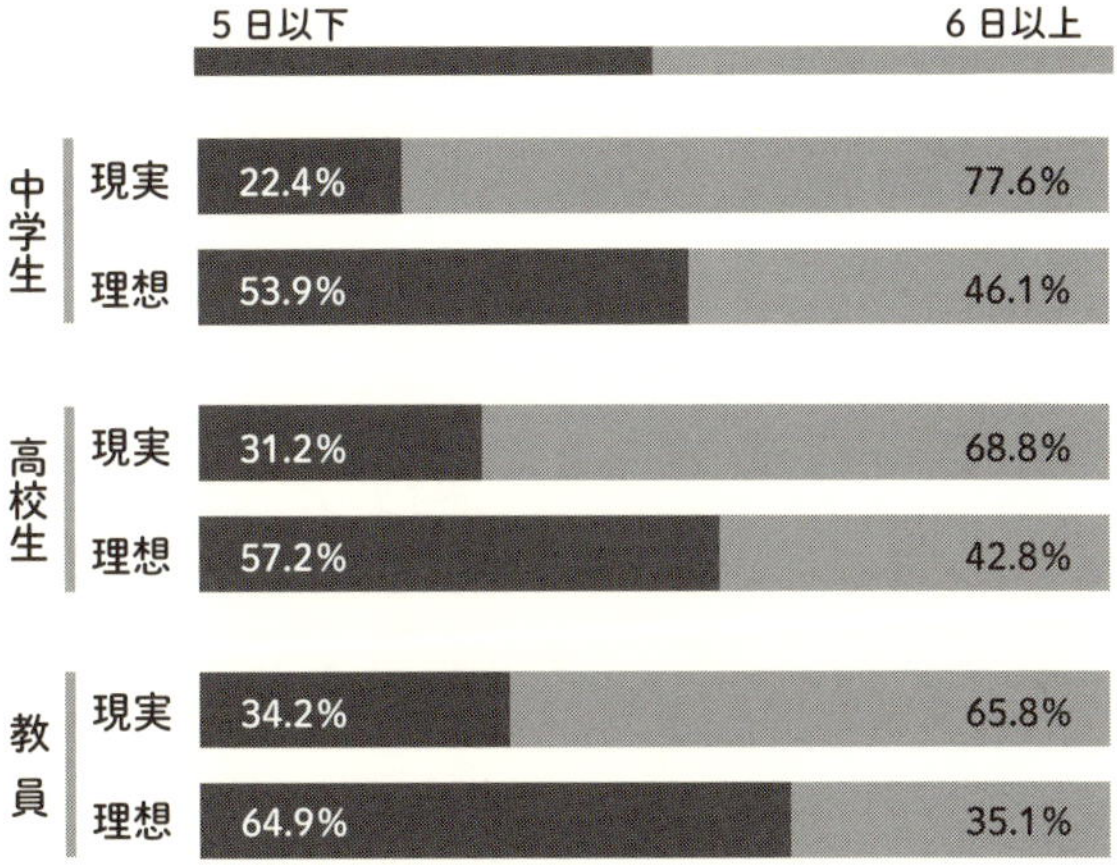

図1-7　中学生／高校生／教員の運動部における1週間あたりの活動日数の理想と現実［神奈川県 2013］（神奈川県教育委員会，2013「中学校・高等学校生徒のスポーツ活動に関する調査報告書」をもとに筆者が作図）

活動日数の理想と現実

興味深い調査結果があります。神奈川県が二〇一三年に実施した運動部活動に関する調査で、中学生、高校生、教員のそれぞれに、一週間における理想の活動日数と現実の活動日数をたずねたものです。

中学生において「六日以上」と回答した割合は、理想の活動日数では四六・一%、現実では七七・六%で、その差は約三〇ポイントもあります。そして中学生だけでなく、高校生、教員もほぼ同様の傾向で、理想とする部活の日数を、現実の日数が大きく上回っています（図1-7）。

先生も生徒も、お互いに本当はもっと休んだ方がいいと思っている。でも現実には、お互いにその理想を超えて、練習している。休めば負ける。この不安が、先生と生徒を部活に駆り立ててしまうのです。

神奈川県の調査は運動部限定ですが、二〇一七年度のスポーツ庁の調査からは全国の中高生における運動部ならびに文化部の理想と現実の時間数（図1－8）も見えてきます（ただし教員の回答はありません）。運動部と文化部それぞれにおいて、中学生も高校生も、一日あたり〇～一時間と一～二時間の割合に注目すると、「理想」のほうが「現実」を上回っています。全国の中高生が、理想はもう少し軽くしたいと思いつつも、現実はつい頑張ってしまっているようです。

このように書くと、部活は過熱する以外の方向性はまるでないかのように思えるかもしれません。でもそれは、みなさんのなかで部活がまだ十分には「解体」されていないからです。それほどに部活は私たちにあって当たり前のものであり、「解体」は難しい作業です。

今、部活のあり方をめぐっては、さまざまな立場の人から、たくさんの疑問やアイディアが提示されています。ツイッター上の先生たちのつぶやきもその一つです。またいくつかの学校や自治体では、これまでとは異なる新しい部活のあり方が模索されています。

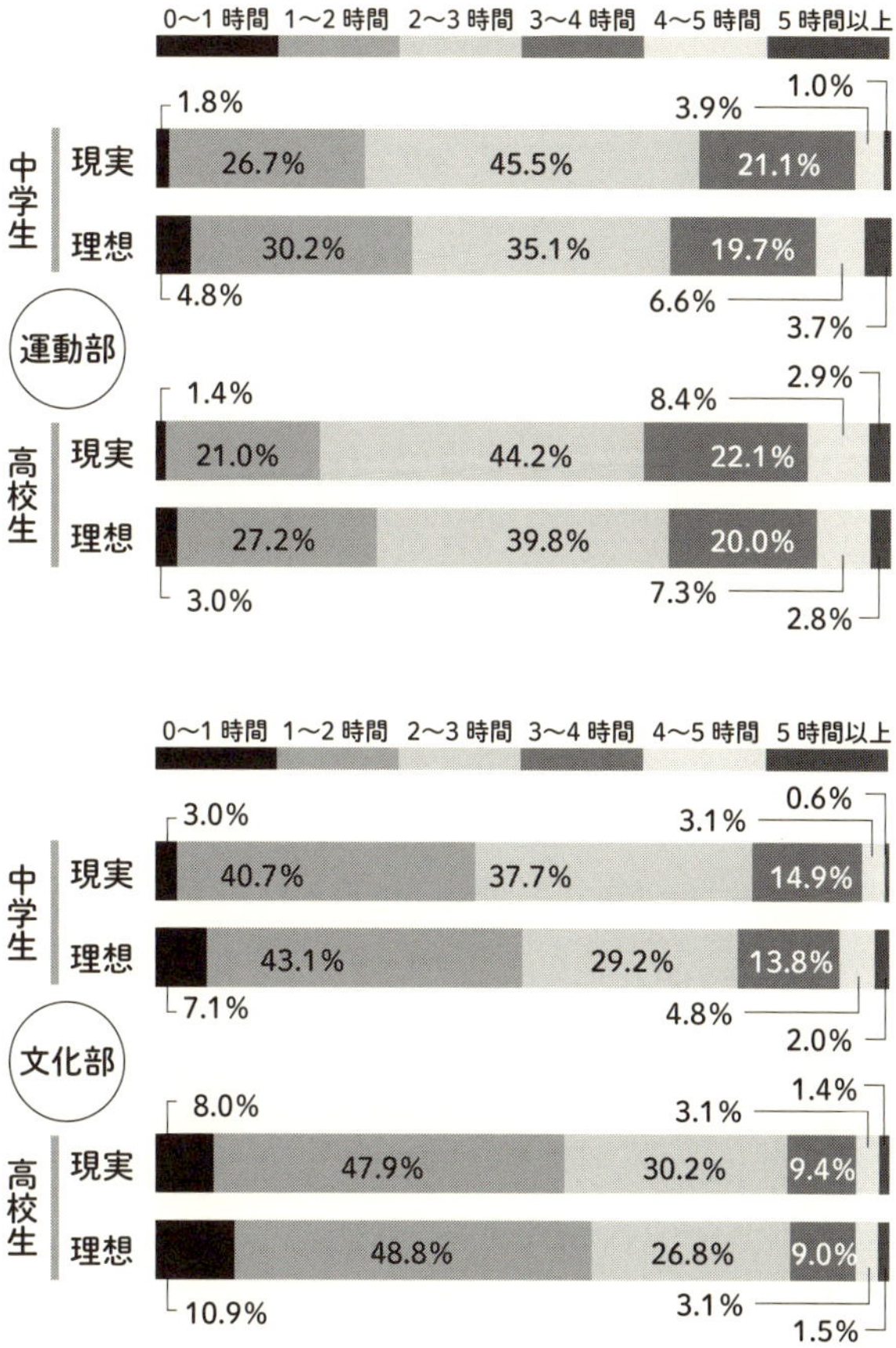

図 1-8　中学生／高校生の運動部ならびに文化部における 1 日あたりの活動時間数の理想と現実 [全国 2017]（スポーツ庁『平成 29 年度　運動部活動等に関する実態調査報告書』をもとに筆者が作図）

そうした声や実践にふれるなかで、これ以降の章でもひき続き、少しずつ「解体」を進めていき、同時に「解体」の先にある「ハッピーな部活」の姿を描いていきましょう。「ハッピーな部活」探しの旅は、まだまだ続きます。

2章

部活維新のススメ

部活の主役はあなたです

⚽「生徒の、生徒による、生徒のための」部活

強制参加、理不尽な指導、怖い先輩、息苦しい雰囲気……そんな部活は絶対に嫌ですよね。部活は、入りたいから入るものですし、やりたいからやるものです。それなのに、もし嫌いな部活を無理矢理に押しつけられたり、やめたいのにやめられないなら、問題です。

残念なことに、いじめ、暴力、暴言、ハラスメントなど、すぐに解決しなければならない問題を抱える部活もあります。中には、部活の悩みを苦にして自ら死を選んでしまうような深刻なケースもあります。部活の悩みは、取り返しのつかない悲劇も生み出してしまいます。

部活のことで悩む生徒を、少しでも減らしたいと思います。いや、やってもやらなくてもいいのが部活ですから、一人でも部活で悩む生徒がいること自体が、おかしいですよね。

では生徒は、部活にどんな悩みをもっているでしょうか。スポーツ庁が実施した「平成二九年度運動部活動等に関する実態調査」の集計結果を見てみましょう(表1)。

これを見ると、「特段の悩みや課題はない」という生徒が三〜四割ほどいます。このように悩みがなく、部活を楽しんでいる生徒もいますが、残りの六〜七割ほどの生徒は、部活に

表1　生徒が感じる部活動や学校生活の悩み

【運動部所属生徒】	中学生	高校生
1. 部活動の時間・日数が長い	19.5%	20.6%
2. 部活動の指導が厳しい	6.3	4.1
3. 実技指導をしてほしい	6.9	6.5
4. 部活動顧問の先生が意見を聞いてくれない	4.4	3.7
5. レギュラーになれない・してくれない	4.5	4.2
6. ケガで活動ができない・なかなか治らない	3.5	4.6
7. 他の生徒との関係	10.5	6.7
8. 眠くて授業に集中できない	12.1	12.7
9. 学業との両立	16.7	27.9
10. 体がだるい	15.6	13.5
11. 家族に活躍を期待されている	4.0	1.7
12. 家族の理解がない	2.1	1.3
13 部活動の悩み（その他）	8.7	7.9
14. 学校生活の悩み（その他）	5.3	4.4
15. 特段の課題や悩みはない	41.3	34.7
無回答・無効解答	2.2	2.1

【文化部所属生徒】	中学生	高校生
1. 部活動の時間・日数が長い	18.3%	11.6%
2. 部活動の指導が厳しい	5.2	1.7
3. 実技指導をしてほしい	5.2	4.5
4. 部活動顧問の先生が意見を聞いてくれない	5.2	3.0
5. レギュラーになれない・してくれない	0.7	0.7
6. ケガで活動ができない・なかなか治らない	0.5	0.7
7. 他の生徒との関係	15.6	10.2
8. 眠くて授業に集中できない	11.0	9.5
9. 学業との両立	16.4	17.0
10. 体がだるい	15.3	11.7
11. 家族に活躍を期待されている	3.2	1.5
12. 家族の理解がない	2.6	1.9
13 部活動の悩み（その他）	12.6	9.0
14. 学校生活の悩み（その他）	9.3	8.8
15. 特段の課題や悩みはない	42.3	46.7
無回答・無効解答	2.6	4.2

（スポーツ庁『平成29年度 運動部活動等に関する実態調査』をもとに作成）

悩んでいます。

詳しく見ると、「部活動の時間・日数が長い」と悩んでいる生徒が二割前後います。「学業との両立」「体がだるい」「眠くて授業に集中できない」と悩んでいる生徒もいます。また、「他の生徒との関係」に悩んでいる生徒も少なくありません。

ご覧の通り、部活で悩んでしまう生徒は、たくさんいますね。長時間の部活を強《し》いられて、自分たちの好きなように楽しめない部活では、悩んでしまうのも仕方ありません。

だから部活をつくり変えましょう。悩みが無くなり、毎日、楽しく参加できる部活にしましょう。嫌いな部活を好きに思えるようなあり方へ変えましょう。生半可な修正ではなくて、根本的で抜本的で革命的な「部活維新」を実現しましょう！

その基本コンセプトは、「生徒の、生徒による、生徒のための」部活です。

部活の中心には生徒がいます。ここがいちばん重要なところです。たしかに、部活は生徒だけでは成り立ちません。先生が顧問になって指導してくれたり、学校が施設を用意してくれたりします。

でも、だからといって、部活は先生のためにあるわけでも、学校のためにあるわけでもない。部活は生徒のためにある。それだからこそ、部活のあり方を決めるのは、生徒自身なのです。

やらされる部活をひっくり返して、やる部活に変えましょう。硬直化した窮屈なあり方をやめて、もっと自由に柔軟にやりたいようにやってみましょう。だって、その方がおもしろいこと間違いなし。そのために、これからいっしょに、生徒目線で徹底的に部活のあり方を見直したいと思います。

だから、まずは聞かせてください。みなさん、どんな部活をしたいですか？

⚽どんな部活をしたいですか

生徒はどんな目的で部活に入っているのでしょうか。さきほどのスポーツ庁の調査では、生徒に「部活動に所属している目的」を尋ねています。その結果を見てみましょう(表2)。

運動部では「大会・コンクール等で良い成績を収める」が第一位です。そして「体力・技術を向上させる」(第二位)、「チームワーク・協調性・共感を味わう」(第三位)と続きます。

文化部では「友達と楽しく活動する」が第一位です。「大会・コンクール等で良い成績を収める」や「チームワーク・協調性・共感を味わう」を目的とする生徒も多いです。

他に気になるところでは、所属目的が「特にない」と答えている生徒もいますね。部活に

表2　生徒が思う部活動に所属している最大の目的

【運動部所属生徒】	中学生	高校生
1. 大会・コンクール等で良い成績を収める	30.2%	33.2%
2. チームワーク・協調性・共感を味わう	18.4	19.7
3. 体力・技術を向上させる	26.3	22.5
4. 友達と楽しく活動する	10.5	11.4
5. 部活動以外に取り組めるものがない	0.6	0.7
6. 学校以外に活動場所・施設がない	0.2	0.1
7. その他の目的	4.5	4.5
8. 特にない	6.7	5.3
無回答・無効回答者数	2.7	2.5

【文化部所属生徒】	中学生	高校生
1. 大会・コンクール等で良い成績を収める	21.9%	12.6%
2. チームワーク・協調性・共感を味わう	15.0	15.2
3. 体力・技術を向上させる	13.0	14.0
4. 友達と楽しく活動する	26.4	29.3
5. 部活動以外に取り組めるものがない	0.8	0.8
6. 学校以外に活動場所・施設がない	0.4	0.3
7. その他の目的	8.2	9.5
8. 特にない	11.4	13.7
無回答・無効回答者数	2.9	4.5

（スポーツ庁『平成29年度 運動部活動等に関する実態調査』をもとに作成）

入っている生徒のなかには、はっきりした目的意識をもっている生徒だけでなく、なんとなく部活に入っている生徒もいます。

さて、こうして見ると、部活に入っている目的や理由はいろいろです。個人としての一人一人の生徒が、それぞれの「自分がしたいこと」をもっているわけです。

ということは、生徒同士でやりたい部活のあり方やイメージが合致するとは限りません。いっぽうには「大会・コンクール等で良い成績を収める」ことを望む競技志向の生徒がいます。もういっぽうには、「友達と楽しく活動する」ことを望むレクリエーション志向の生徒もいます。そうした生徒たちがいっしょに活動すれば、意見が違ったり、対立してしまったりすることもあるでしょう。

ただし、そうは言っても部活は一人では成立しません。自分以外に複数人が参加して、はじめて部活は成立します。部活には「みんなですること」が必要になります。だから、意見が違うかもしれない他のみんなと、どこかで折り合いを付けねばなりません。

こう考えると、いわば部活は、小さな社会と言えますね。小さな社会としての部活では、「自分がしたいこと」と「みんなですること」が交じり合います。だから、両者をうまく調整することが必要になってきます。

言い換えると、部活には二つの側面があるのです。「自分がしたいこと」という個人的な側面と、「みんなですること」という集団的な側面です。部活のこの二つの側面を詳しく見てみましょう。

⚽部活の主役はあなた自身

まずは、「自分がしたい」という、部活の個人的な側面です。

部活の出発点には、「自分がしたい」という生徒の気持ちがあるべきです。やりたいからやるのが部活、やりたくないのにやらされてもおもしろいわけがありません。部活の主役はあなた自身なのです。

自分が主役――それはつまり、部活は個人主義でいいんだよ、ということです。部活を選ぶ自由や、部活で何をするかを決める自由は、一人一人の生徒にあります。

残念ながら、今、多くの部活では、一人一人の個人の意見が大切に扱われていないように思います。それぞれの生徒は、どんな部活に入りたいと思っているか、どんな活動をしたいと願っているか。生徒個人の意見をもっと尊重すべきです。

「個人」とは英語で書くと「individual」。これは「in」(〜でない)と「divide」(分割する)からできた言葉で、「それ以上分割することができない存在」という意味を持っています。つまり、すべての基本となる最小単位、それが「個人」です。

だから、個人を大切にする「個人主義」は、やはり部活でも大事にされなくてはなりません。いや、部活だからこそ、よりいっそう大事なはずです。なぜなら部活は生徒の「自主的」な活動ですから。やってもやらなくてもいい部活では、個人の選択と決定が何より認められるべきなんです。

だから本書が提案する部活維新は、「独立自尊の個人主義」を認めるところから始まります。個人が独立してこそ、部活は生まれ変わることができます。

そうすると、「生徒の強制入部」は、おかしい。部活を強制したり義務にしたりしていては、個人の気持ちを尊重できません。部活に入ることは、自分で選ぶべきことです。選択の自由は、生徒に与えられなければなりません。

また、部活に入ることは自分で選んだとしても、その後で部活でする活動の中身を、先生や先輩に命令されたり、イヤイヤ押しつけられたりしていては、やっぱりおかしい。

部活で何をするか、どうするか、いつするか、いつまでするか。部活のパーツを一つ一つ、生徒個人が選んだり、決めたりしていく。それが、部活の主人公になる、ということです。

理想を言うと、部活のあり方を逆さまにひっくり返して、個人を何よりも大事にしてみてはどうでしょうか。

たとえば、みなさんは、「他の生徒のため、部全体のため、みんなのために、あなたは我慢しなさい、あきらめなさい」と先生から言われることがあるでしょう。もしかすると、うるさいほど「チームワーク」ばかり強調してくる熱血顧問なら、生徒が休みたい退部したいと訴えても、「お前だけ逃げるのか？　ずるいだろ！」なんて説教してくるかも。

そうした言い方は、そこだけ聞くと「正論」かもしれません。でもその「正論」が本当に正しくなるためには、一人一人の意見を尊重して大切に扱う、という前提が守られてこそです。

もし「みんなのために」と形だけは言いながら、個人を蔑《ないがし》ろにしたり犠牲にしているなら問題です。部活の主役はあなた自身なのです。

⚽「考える」ことがはじめの一歩

では、自分が主人公になるために、どうすればいいでしょうか。

マンガや映画や小説に出てくる部活エンタメの主人公は、誰かの言いなりになったりしません。与えられた命令にただ従うような存在ではありません。自分の意見を持ち、自分で決定し、自分から動き出す。それが主人公です。そうした主人公になるためのはじめの一歩は、自分で「考える」ことです。

「考える」ことは、自分の意見を持つためや、自分で決定し行動するために必要です。考えないと、周りの雰囲気に流されてしまって後悔してしまいます。誰かに都合良く利用されて損をしたりすることにもなりかねません。

考えることで、自分以外の何かに操られる道具ではなくて、自分が自分らしい存在になることができます。ぜひ、考えることを大切にしてください。

ただし、考えることはラクではありません。

一見すると、考えるには道具もお金もいりませんし、すぐに簡単にできるように思われます。でも、考えることは、実は大変で面倒くさーい、疲れる作業。だから、しばしば何も考えずに、誰かにぜんぶ任せてしまいたい気にもなります。そもそも、「考えろって言われても、何をどんな風に考えたらいいのかわからない」という場合もあるでしょう。

そこで、考えることのとっかかりとして、部活の目標(何を目指すか)と内容(何をするか)を取り上げてみましょう。

みなさんは、部活で何を目指していますか。部活の目標を教えてください。ストレートにこう聞かれると、ふだん、何気なく部活をしている生徒であれば、「ん？　部活の目標って何だっけ？」と戸惑うかもしれませんね。

なんのために部活をするのか、部活をすることで何を達成しようとするのか。部活をするのが当たり前になっている今、あらためて部活の目標を考え直してみてください。

目標を考えることで、日々の部活の意味を感じられるようになります。「技術を磨いて上手くなる」「コンクールで金賞をとる」「好きな趣味にとことんのめり込む」「体力を付けて身体を鍛える」などの目標は王道ですね。

もう少しささやかに、「勉強以外のいろいろな経験を積む」「友だちと楽しい放課後を過ごす」「他にしたいことが見つかるまでの暇つぶし」などの目標でもOKですよ。どんな目標でもいいので、自由に考えてみてください。威勢の良い生徒は、「目標は全国優勝、日本一!」と叫ぶかもしれませんね。

目標を考えたら、つぎは内容を考えましょう。

みなさんは、部活で何をしたいですか。実際にやりたい部活の内容を教えてください。「大会に出て試合をしたい」「パート別にわかれて練習したい」「全部員で揃って演奏したい」「流行の最新戦術を試してみたい」「筋力トレーニングをしたい」「プロの舞台を鑑賞してみたい」など、やりたいことが山ほどあるかもしれません。

あるいは、そんなに真面目な内容ばかりじゃなくて、「きつい体力練習よりもレクリエーションメニュー中心がいいな」「休憩多め&休日たっぷりでほどほどに」「友だちとずっとお喋りしていたい」「ゆるゆるダラダラさせてちょうだい」といった誘惑にも駆られるかもしれませんね。

いいんですよ、やりたいことをやるのが部活なんですから。どんな内容でも、あなたが決めたならノー・プロブレムです。

ここで重要なのは、目標と内容の結び付きも合わせて考えることです。立てた目標に沿った内容ができているかどうか、行っている内容を通して目標が達成できるのかどうか、両者がしっかりと結び付いているかどうか、点検してみましょう。

「目標は日本一！」と叫んだ生徒が、「ダラダラさせてちょうだい」と言っていたら、なんだか変で心配です。自分が決めた目標と、自分が決めた内容だったはずですが、両方がうまく結び付いていません。結果として、自分が望んだ結果は得られなくなってしまいます。

そんな時、修正の仕方が二つあります。目標を変えるか、内容を変えるかです。

「ダラダラしたい」気持ちを優先するなら、「日本一」の目標は達成できないでしょうから、ほどほどの目標に変更するのが無難でしょう。いや、あくまで「日本一」を目指すんだと言うなら、日々の活動内容をシビアに変更してみてください。

ここで注意してほしいのは、何もすごく高い目標を立てたり、厳しい内容で活動するだけが、いい部活というわけではないことです。

それよりも大切なことは、目標や内容、そして両者の結び付きを、自分で考えたかどうかです。それらを自分で考えることで、あなた自身が部活の主人公になることができるのです。

⚽部活マネジメント

つづいて、「みんなでする」という、部活の集団的な側面です。

個人主義を大切にして部活を見直すことの重要性は、いくら強調してもし過ぎることはありません。ただしそれでもやっぱり、個人だけでは部活は成り立ちません。

あなたがバスケをしたいと思っても、一人だとせいぜいシュート練習しかできません。1ON1をするためには、もう一人仲間が必要になります。チームを組むなら五人揃わなくてはなりません。試合をするためには、相手チームの人数も確保しないと試合ができない。本格的なバスケ部を成立させるのは、実はなかなか大変なのです。

自分がしたいことを実現するためには、それに賛同していっしょに参加してくれる他の生徒の存在が必要不可欠です。みんながいて、はじめて部活ができるんです。

部活は別名「クラブ」とも呼ばれます。「クラブ(club)」という言葉には、ゴルフクラブの先が丸く固まりになっているように、「ひとつに集まった固まり」という意味があります。ばらばらの個人が、同じ趣味をいっしょに楽しもうと集まったグループ、それがクラブであり、部活です。

「みんなでする」というこの集団的な側面は、部活についてまわるものですが、なかなか難しいところでもあります。

自分一人しかいないと、自分のことだけでいいので単純です。でも二人いると、人間関係という問題が出てきます。この人間関係の問題は、人数が増えれば増えるほど複雑で難解になってきます。

さまざまな人間関係が織りなす部活は、いわば一つの社会です。自分を大切にしながらも、他人も大切にして、部活社会はいかにしてまとまることができるか。「部活社会での自他共栄」、避けては通れない課題ですね。

自分と他人はどちらも大切です。そう言うと、さきほど「部活は個人主義」と言ったことと矛盾しているように思いますか。そうではありません。

もちろん個人主義の立場からは、あなたの気持ちを尊重します。でも、あなた以外のみんなの気持ちも、同じように尊重されるべきです。個人主義を大切にするということは、あなたも含めたみんな一人一人を尊重するということなんです。

だから個人主義を本当に大切にする人は、自分が楽しい時、みんなも楽しんでいるのかな、と気になるものです。「今日の部活、私はめちゃめちゃおもしろかったなぁ。でも、あの子、つまらなそうにしてたけど、大丈夫かな？」と周りを気づかうことができるでしょうか。

もし、自分だけではなく、みんなも部活を楽しんで、うまく共存できればすばらしい。さらに互いに協力し合うこともできれば、一人だと到達できない偉業にも手が届くかもしれませんね。

こうした部活社会をまとめるために、みなさんには「部活マネジメント力」を身に付けてほしいです。

部活でマネジメントと言うと、大ヒットした作品『もし高校野球の女子マネージャーがドラッカーの『マネジメント』を読んだら』(岩崎夏海、新潮文庫)を思い浮かべる人もいるかもしれませんね。そう、「もしドラ」の主人公の野球部マネージャー・みなみの活躍はとても参考になります。

ただ、部活マネジメントの醍醐味《だいごみ》と重要性を、みなみ一人に任せるのはもったいない。せっかくですから、部活に関わる全員が部活マネジメントに参加してみましょう。

部活のあり方をみんなで相談したり、目標や内容を決めたり、人間関係を調整したり、みんなのなかの自分の役割を考え直したり。部活マネジメントのポイントを解説します。

「話し合う」がキーワード

部活マネジメントに求められるいちばん肝心《かんじん》な部分は、「自分がしたい」という個人的側面と、「みんなでする」という集団的側面をうまくつなげることです。

キーワードは「話し合う」です。それぞれにやりたい部活イメージがあるはずですが、言葉にしないと他の人は理解できません。他の人に理解してもらわないと、いっしょに部活はできません。だから話し合いましょう。

「話し合い」は、自由におしゃべりすることから始まります。

たとえば学年が変わった四月頃などに、部員全員でおしゃべりする場をつくってみてください。時期はいつでもいいので、先輩が引退して代替わりした秋頃でもいいし、一年の締めくくりということで、年末や年度末でもいいかもしれません。

一堂に会して、ぜひ、ざっくばらんにおしゃべりする「部活井戸端会議」を開催してみましょう。お菓子やジュースを飲みながら(先生、許してあげて!)、リラックスした雰囲気で気軽に話せば、クリエイティブなアイディアも浮かぶかも。

「ぼくはこんな部活がしてみたい」「君はそんな部活がしたいのか」「あの子はどんな部活

を望むかな」。実際に実現するかどうかはともかく、どしどし意見とアイディアを出しましょう。

そのとき、もし自分と違う考えが出てきても、「そんなの嫌だよ」とか「無理無理できない」などはNGワード。まずは、ともかく傾聴《けいちょう》すべし。とにかく、うんうん頷いて、どんどん話を膨らませましょう。

誰が何を考えているかがわからないと、「話し合い」は深まりません。それに、ゆくゆく自分の意見を聞いてもらうためにも、まずはみんなの意見に耳を傾けてください。お互いを知り、多様な意見に触れることで、共有できる部活イメージが浮かんでくるでしょう。

そうそう、みんなの意見を聞いているうちに、自分の意見が変わってきた、というのもアリですよ。自分の意見を洗練するためにも、みんなの意見を聞くことが有効です。

「話し合う」ことで、「自分がしたい」と「みんなでする」がゆっくりとつながりはじめるんです。

といっても、すぐに全員が納得できる一つの答えが出てくる、なんてことはなかなかないでしょう。いろいろな違った意見が出てきた後、さて、どうするか。みんなが合意できる中身を何とかして決めなくては、部活を実際にスタートできません。

部活の中身を決める方法をいくつか紹介します。

まずはシンプルに、それぞれがしたいことを足し算して、ぜんぶやる。

一人一人、技術を高める個人練習をしたい生徒と、全員いっしょに合わせる全体練習をしたい生徒がいれば、時間を区切ったり、日ごとに交代したりして、順番にすればいい。今日は私がやりたいことをみんなでできたから、明日は君のやりたいことをみんなでしよう、という風に。案外、気づかないやり方ですが、各自の意見を平等に扱うことができます。

時間や施設の都合でぜんぶやるのが難しいなら、それぞれがしたいことの共通部分を抜き出してみましょう。したいことを足し算してから、できないことを引き算して、それはきっぱりあきらめる。

ちょっと残念ですが、それでも残ったやりたいことのいくつかを実現するためですから、「まあいいか」と満足すべきかもしれません。

このとき大切なのは、何をあきらめて、何をあきらめないかの線引きです。したいことのなかで、何が本当にしたいことなのかを見極めなければなりません。

あれもしたい、これもしたい、それもしたいかも、といろいろなしたいことを広げた後で、あきらめることもできる「細かい枝葉」の部分と、心の底から望む「譲れない根幹」をわけてみましょう。

こんな風に話し合いながら、煮詰まって全員の意見がまとまれば良いですね。話し合いは尽くしたが、結論がなかなか出ないなら、一人一票で投票して選挙を行ってもいいでしょう。

部活の方針や部長の選出、スターティングメンバーの選抜などは、先生にお任せという部活も多いかもしれません。でも、自分たちで選挙して決めてもいいんです。みんなの意見を集約するための方法として、「部活総選挙」なんて企画してみてもおもしろいかもね。

とはいえ、何度話し合ってもどうしても意見が合わない、それぞれに絶対に譲れないので合意はできないし、選挙で無理矢理決めるのも気が進まない、ということもあるかもしれません。その場合の最終手段として、「分離」という方法もあります。

たとえば、サッカーをしたいと言う生徒が集まってみたけれど、よくよく聞いてみると、「競技力向上を目指した本気のサッカーがしたい」生徒だけでなく、「レクリエーションでゆる〜くフットサルをしたい」生徒もいた。長い間、話し合ってみたけれど、どうしても意見が合わず、それぞれの考えは変わらなかった。

だったら、したいことが違うのだから、別々にするために、「サッカー部」と「フットサル部」にわかれていってもいいでしょう。

みんな仲良く全員いっしょ、といかないならば、分離して別々にそれぞれの部活を楽しんでもいいんです。互いの意見を尊重する一つのやり方だと思います。

おかしな部則を見直そう

部活をまとめる時に必要になってくるのはルールや約束、いわゆる部則です。部室の使い方だったり、準備や片付けの役割分担だったり、みんなで守るべき部則があれば、部活を組織としてマネジメントしやすくなります。

でも、もしかしたらあなたの部活に、理不尽でおかしな部則はありませんか？

たとえば、髪型は、女子は後ろで縛りなさい、男子は全員丸坊主とか。もちろん自分自身で「部活の時は髪の毛が邪魔になるから気をつけよう」と納得しているならいいですが、強制されるのはおかしなことです。

服装も、練習着は白のTシャツとソックスしか認めないとか、下着の色まで指定してきたりとか。いやいや、何色の服を着ようが、活動の中身にまったく関係ないでしょう。

活動に悪影響を与えてしまう部則は、もっとダメ。暑い真夏にもかかわらず、「日焼け止めクリームは禁止」ってなんで!?　「校則で化粧は禁止なので、色気付くから日焼け止めも許しません」……え？　ちょっと何言ってるか意味わからないんですけど。

生徒たちの内面にまで踏み込んだ「恋愛禁止」も見過ごせません。誰が誰を好きになるかは、どこまでも自由です。そもそも自然に心の奥底から湧き出てくる恋愛感情を、無理矢理禁止しようとする考えがナンセンス。

一〇〇歩譲って、「デートで部活をサボって、みんなに迷惑をかける」というなら、その「サボる」行いを戒《いまし》めるべきです。逆に、恋愛して部活のやる気もアップした、というパターンもありますしね。

いずれにしろ恋愛は、青春まっただ中のみなさんにとって、とても大切なこと。だから一律に恋愛禁止とするのではなく、うまく部活と両立できるように考えてほしいです。

こうしたおかしな部則は、どんどん変えていきましょう。おかしいなと思った部則があれば無くせばいいし、別の新しい部則を生徒自身でつくっていいんです。

誰かが決めたおかしな部則に縛られるなんて、勘弁してほしい。だから自分たちが部活を楽しむために必要な部則は、自分たちで決める。言い換えると、自分たちを縛ることができるのは自分たちだけ、ということです。

どんな部則が部活のマネジメントに必要なのか、どんな部則なら自分たちも納得できるのか、みんなで話し合ってみてください。部則をつくる基準は、一人一人が部活を楽しむために最低限必要なものだけ。できるだけシンプルな方がいいですね。

⚽トラブルが起きた時は

ところで、部の迷惑になる行いをしてしまった生徒がいた場合、「ペナルティ」を与えていいんでしょうか。体罰や暴力はダメに決まっていますが、ペナルティとして清掃活動を課したり、一週間練習に参加させなかったりする部活がありますね。

しかし、たとえば、「あいつが音程を外したせいで、コンクールで勝てなかった、許せない」という場合に、だから罰として清掃活動をさせよう、というのは許されないと思います。なぜなら、本人は一生懸命に頑張ったわけですし、たとえ下手でも参加する権利はあるわけですから。だから、失敗したことやうまくできなかったことは「迷惑」ではないし、それに対してペナルティを与えるべきではありません。

他に、「あの子、準備担当なのに無断でサボって帰っちゃったの？　これじゃ部活できないよ」という場合は、部活それ自体が成り立たなくなるので、たしかに困りますね。だったら、これからもいっしょに部活をしていくために、反省の意味で清掃活動をしてもらおう、くらいは許されるかもしれません(その場合も、予《あらかじ》めそうしたやり方をみんなで決めておくことが必要です)。

ただし、もしかすると、サボって帰った、と思われたその生徒にも、何か事情や考えがあったかもしれません。だから、ペナルティだ罰だと言う前に、まずはしっかりと話を聞いてみてください。

その上で、「どうして準備担当をやらないの? それともできないの?」と尋ねたり、「部活するために誰かが準備や掃除をする必要あるよね? その役割分担をみんなで決めたよね?」と、部則の意味を理解してもらうようにしましょう。

ちょっとしたトラブルも、話し合うきっかけになれば、部のまとまりを強めるチャンスになります。だから本当に大切なことは、部則やルールやペナルティをいろいろ決めて、ぎちぎちに縛ることではありません。それよりも、何か問題が起きた時に、みんなで話し合える雰囲気をつくっておくことが大切です。

日頃から、誰もが自由に考えや意見を言える雰囲気があると、結局はみんなで過ごしやすい部活ができあがると思います。

⚽ウェルカム！　新入部員

そんな風にみんなで納得できる仕方で部活がスタートできたなら、部を続けていくために考えるべきは、新しい部員をどう勧誘するかです。

先輩たちはいずれ卒業していくので、部活を続けていくためには、新しい部員に加入してもらう必要があります。だから新しい部員に自分たちの部活を選んでもらえるように、目一杯魅力をアピールしてみてください。

私(中澤)が中高生の頃は、「三年王様、二年家来《けらい》、一年奴隷《どれい》」なんて怖ーい言葉がありました。三年生は最上級生として、王様のように偉そうにふんぞり返って、「ボール磨いとけよ！」とか「おい、ジュース買ってこい！」とか理不尽な命令ばかりする。それを二年生が家来のように言いなりになって、一年生に無理矢理やらせる。部活に入ったばかりの一年生は、ぜんぜん部活を楽しめず、奴隷のようにこき使われる、というありさまです。

こんなの嫌ですよね。だからそんな古いあり方をぶち壊して、革命を起こしましょう！

この革命が目指す理想は、部活でいちばん楽しい部分を、一年生にこそ味わってもらうことです。音楽であれば楽器を演奏したり合唱したり、スポーツであれば試合をしたり、シュートを決めたり、その活動のいちばんおもしろい部分を一年生優先でさせてあげましょう。

そのための準備や片付けは、残りの三年生・二年生が行うのです。

三・二年生からは、「そんなのやだよ、一年生だけずるい」と言われそうですね。その気持ちはわかります。でも、もう少し話を聞いてください。

部活のおもしろさを思う存分、味わった一年生は、だんだんと部活が大好きになって、「こんなに部活っておもしろいんだ、ずっと続けたい！」と思うことでしょう。さてこの時に、いよいよ三・二年生は一年生に、こう言ってあげてください。


「ぼくたちの部活を好きになってくれてありがとう。いっしょに部活を楽しめる仲間が増えて、とってもうれしいよ。これからもよろしくね。

ところで、君たちが試合を楽しんでいる間、ぼくたちはその準備と片付けを頑張っていたんだ。試合をするためには、誰かがやらなきゃいけないからね。いや、いいんだよ、君たちが部活に入ってくれなかったら、部も続かないし、ぼくらも困るから。だから気にしないで。

でもこれからは、準備と片付けはいっしょにしようか。ぼくたち上級生も、君たち後輩と同じように試合を楽しみたいし、楽しむ気持ちに先輩も後輩もないよね。だってともに部活を愛する仲間なんだから」。

こんな台詞を言ってあげれば、後輩たちは先輩のかっこ良さに憧れるんじゃないでしょうか。あるいは、最後の部分はもっとかっこ良くこう言ってもいいかも——。

「これからも準備と片付けはぼくたち上級生がするよ。でも、いつか君たちが上級生になった時に、新しく入ってくる後輩のために、ぼくたちがやったことをしてあげてほしい。新しい〝伝統〟をつぎにつないでいこうよ」。

一年生と新入部員を大切にできる部活は、どんどん成長していくと思います。

⚽「部活のほめ言葉」を増やそう

さて、みなさんは部活について友だちと話す時、どんな言葉を使いますか。

「この間の試合、勝った？」と聞いたり、「すごーい、発表会で優勝したんだ」とほめたりするかもしれませんね。そんな風に「勝ち負け」で部活を評価しがちです。

でも、部活を評価する言葉は「勝ち負け」だけではないはずです。部活を評価する言葉の種類や数をたくさん増やしていくと、それだけ部活の見方やあり方も多様で豊かになってきます。ぜひ、部活の良いところをいろいろ探して、「部活のほめ言葉」を増やしてみてください。

たとえば、一人一人の成長に注目すると、「うまくなった」がありますね。吹奏楽部なら「入部した時にはうまく出せなかったサックスの高音が、ついに綺麗《きれい》に吹けるようになった」とか。水泳部なら「こつこつ頑張ってきたトレーニングのおかげで、個人新記録が出せた」とか。ふとした瞬間に訪れる個人の成長を見逃さず、しっかり実感して、じっくり幸せな気持ちを味わってください。

逆に失敗したり反省したりした時も、広い意味では成長のチャンスと見ることもできます。バレー部なら「さっきのスパイクはジャンプが遅れちゃったから、今度はタイミングを合わせて……」とか。囲碁部なら「うかつに攻め込みすぎてやられちゃった、今度は慎重に……」とか。失敗は成功の母、とは部活にも当てはまる金言です。それを意識すれば、「やったー、失敗したぞ」と喜ぶこともできるかも!?

もっとシンプルな部活のほめ言葉として「おもしろかった」があります。「やってみたらおもしろかった」「念願の趣味が実現してうれしいな」「うちの部活は満足度高めです」「部活が楽しくてみんなで笑い合っちゃった」。おもしろければ全部ＯＫ！　みなさんの部活には、どんなおもしろさがありますか。

部活のほめ言葉はまだまだあります。

「もっとしたい」というほめ方もいいですね。部活の時間が終わった時に、「もっとしたかった」と思えるなら、その部活が心地よかった証拠です。

あなたは、「今日の部活はもう終わっちゃったのか、残念。明日もたっぷり部活がしたいな」と思えるでしょうか。あるいは、休み明けの久々の部活に臨む時に、「いよいよ部活が再開、わくわくするぞ、楽しみ〜」と思えるでしょうか。

いつか訪れる部活の引退の時期に、「ああ、ついに部活が終わっちゃった。本当におもしろかったから、これからもずっと趣味として続けたい」と思えるならすばらしいですね。

他に、部活の外側にも目を向けて、「みんなにすすめたい」というほめ方はいかがでしょう。

「うちの部活はマジ最高、後輩たちは絶対入部すべき」と自信満々に言えればすごい。別の部活で友人がつまらなそうにしているなら、「そんな部活やめて、私たちの部活においでよ、大丈夫みんな歓迎してくれるから」と、みんなにおすすめできる部活でありたいですね。

まだあります。自分にとっては時折、つらいことがあっても、他の人たちが「応援してくれる」なら、やっぱり部活は良いと思い直せるかもしれません。

担任の先生が「いつも部活頑張ってるなぁ」と気にかけてくれたり、お母さんやお父さんが「またつぎも試合見に行くね、毎回、楽しみにしてるよ」と言ってくれたりすれば、うれしいですよね。「レギュラーになれないと落ち込んでいた時、友人が励ましてくれた」なんて聞けば、いい部活だなぁと思います。

応援してくれる人がいれば、その人のためにも頑張れるかもしれません。

こんな風にたくさんの部活のほめ言葉を聞くと、「どれもこれもすごすぎて、私の部活には当てはまらない……。でも決して部活が嫌なわけじゃないんだけど」という生徒もいるはず。大丈夫、「なんとなく好き」という言い方も、立派なほめ言葉ですよ。

ぜひ、それぞれの部活の良いところを探して、たくさんの部活のほめ言葉を見つけてください。

⚽創部にチャレンジ

学校に入りたい部、選びたい部が無かったらどうしましょう。そんな時は、新しい部を創

生徒会規則　第○○条　部活動の創部に関して

（1）　創部を希望する生徒は，次の条件をすべて満たせば、生徒会に申請できる．

条件①五名以上のメンバーを有すること．

条件②任意の教諭から顧問就任の内諾を得ること．

条件③安全に活動できる場所を確保すること．

条件④今後三ヶ月間の活動計画を立てること．

（2）　生徒会は，（1）の申請にもとづき協議し，まずは非公式に三ヶ月間の活動を認める．その経過を踏まえて，最終的に部活動として公認するかどうかを再度，協議する．

るという方法があります。

まずは、あなたの学校で「創部」のルールがどうなっているか確認してみましょう。ふだんあまり意識しないかもしれませんが、生徒手帳を開いてみると、生徒会規則にこんな風に書いてある場合もあります（上記の「生徒会規則」は、実際の中学校の文言を参考にアレンジしました）。

こうしたルールがあるなら、あとはチャレンジするだけです。条件①を満たすため、自分以外にあと四人仲間を集めましょう。新しい部の魅力を伝えたり、熱っぽく説得したり、時には妥協したりしてみてください。

メンバーが揃ったら、つぎは条件②に移って、顧問探しです。はてさて担任や教科の先生は協力してくれるでしょうか。もし断られてもあきらめないで。職員室に行けば、他にも先生はたくさんいますから。

頼む前にリサーチも重要です。新しい部の活動内容に興味や理解を示してくれそうなのはどの先生か。すでに別の部の顧問で手一杯だと受けてくれないかも。いずれにしろ、自分たちの気持ちをストレートに情熱をもってぶつけてみるのが、おとなの心を動かすコツです。

条件③では、活動場所を確保するために、学校施設をくまなく歩き回りながら、他の部が使っていない時間帯を狙わなければなりません。すでにびっしり埋まっているなら、「少し譲ってくれない？」と交渉する必要もあるでしょう。

最後に条件④の活動計画は、部の目標や内容を考えながら、一日ごと、一週間ごと、一カ月ごとにわけてつくってみましょう。したいことを盛り込みながら、本当にちゃんとできるのかという実現可能性にも気をつけてください。見通しを立てるのは難しいですが、できるだけ細かく配慮を巡らせた方が「本気度」は伝わります。

そうして非公式の部活動(仮)を始められたら、仲間と協力して顧問の指導を仰ぎつつ、立てた計画に沿って、思い切り楽しんでください。ただし、羽目を外してケガや事故を起こさないように。最終的な公認を得られることを祈っています。

もしかしたら、生徒会規則で創部のルールが明確に決まっていなかったり、とてもハードルが高いルールで創部はできそうにない、という場合もあるかもしれません。そうした時の正攻法は、生徒会規則を新しく作成したり、変えたりすることです。

つまり、部を創るために、「部を創るルール」を創る。時間はかかるし大変ですが、非常に意義深い試みだと思います。

⚽部活が廃止になる時

創部の話とは真逆の、廃部の話もしておきましょう。

今ある部活は、ずっと続くわけではなく、いつか廃止になってしまう可能性もあります。もしかすると、生徒会規則には廃部についても次ページのように書いてあるかもしれません。

なんといっても項目①が最重要で、メンバーが少なくなると、廃部の危機が近付いてきます。先輩たちが引退して卒業したり、転部者や退部者が出たりすれば、黄信号です。

活動を継続するためには、新入部員を確保しなければなりません。年度始めに部活動説明会が開かれるなら、そこで一年生たちに、部の魅力を伝えてたくさん入部してもらう努力が必要ですね。

生徒会規則　第△△条　部活動の廃止に関して

（1）　生徒会は，次の項目のいずれかに当てはまる部活動について，廃止の可能性を協議する。

項目①メンバーが四名以下になった場合

項目②顧問就任可能な教諭がいなくなった場合

項目③安全に活動できる場所を確保できなくなった場合

項目④活動頻度が著しく少なくなった場合

（2）　生徒会は，（1）で当てはまった項目の改善を求め，三ヶ月間の猶予を与える．その経過を踏まえて，最終的に廃止するかどうかを生徒会で再度，協議する．

既存部員は、なんとか部を継続させたいと願っているはずです。だから新入部員は、既存部員にとって宝のような存在です。そう考えると、新入部員や一年生や後輩をこき使ったり、見学しかさせない、といった悪習が、いかに間違ったものかわかるでしょう。

新入部員が入ってくれないと、部はつぶれてしまうかもしれません。だから、新入部員を優しく丁重に扱い、最高のおもてなしで迎えて、部の活動でもっともおもしろいところを体験してもらい、ずっといっしょに活動する仲間になってもらうべきなんです。

項目②のように、顧問の先生がいなくなった時も、廃部の危機です。顧問が退職したり、他校へ異動になってしまえば、顧問を引き受けてくれる先生をあらたに見つけなければなりません。実は、顧問がいなくて廃部というパターンは実際にとても多く、部活あるあると言えます。

顧問の定年退職がわかっているなら事前につぎの顧問を探す準備をしておいたり、予め副顧問の先生も見つけておいて複数顧問制を敷いておくのも手です。

他にも、項目③にある活動場所を確保することが難しくなったり、項目④のように、やる気がなくなって活動頻度《ひんど》が減ってくると、廃部の可能性が高まってきます。生徒会や先生たちが「もう部活やめたら？」と言ってくるかもしれませんね。

さて、ここがターニングポイントです。廃部を回避したいなら、メンバー集めや顧問探しに奔走《ほんそう》しましょう。部活を続けたい思いがある限り、努力してください。

ただ、いくら努力してもうまくいかないこともあります。また、努力し続けることは大変で、疲れてしまって「もう廃部でもいいかな」と思うこともあるでしょう。あるいは、「実は部活をやめたかった……」と思っていたかもしれません。

であれば、何が何でも部活を続けろ、とは言いません。無理をしても結局は続きませんから。廃部になってしまったら、いったんリセットするのも良し。たっぷり休んだ後に、活動を再開したくなったら、あらためて創部にチャレンジすることもできるんですから。

そもそも部活をつくったり、つぶしたりは、もっと柔軟であっていいはずです。だって、やりたいことをやるのが部活ですから、やりたい時だけやればいいし、やめたくなったらやめればいい。違うことをやりたくなったら、新しく始めればいい。

こうした柔軟さが日本の部活にも出てくると、季節ごとにいろいろな種目を楽しむ「シーズン制」も実現できます。

アメリカやヨーロッパの部活では、一つの種目を一年中やり続けるのではなく、季節ごとに種目を変えるのが一般的です。一人の生徒が、秋はサッカー部、冬はバスケ部、春は野球部と、たくさんの種目の部活を楽しんでいるんです。

「うらやましい、おもしろそう」と思ったそこのあなた！　ぜひ日本の部活にもシーズン制を導入してみてください。

⚽もし部活をやめたくなったら

念のため、部活をやめたくなった時にどうしたらいいかも教えましょう。

部活をやめるなんて言うと、悲しい話に聞こえますが、部活がつらくて苦しい生徒にとっては、とても大事なことです。部活が嫌で仕方ないのに逃げられず、苦しみ続けて、自ら死を選んでしまうケースもあるのですから。

たとえば、ケガや故障などで苦しくてやめたい場合は、顧問や部活仲間に引き留められても、自分のからだや気持ちの方を優先させましょう。先輩や部活仲間によるいじめやしごきがつらい場合もあるかもしれません。そんな時は、すぐに先生や学校に相談しましょう。教育委員会などに直接訴える方法もあります。

こうした時、事情を理解してもらうために、日々の記録をきちんととっておくことも役に立ちます。手書きのメモや日記でもいいし、スマホやパソコンで保存しておいてもいい。話を聞いてくれる友人や家族がいるなら、話した内容を記録に残しておきましょう。メールやLINEでやり取りしているなら、そのまま記録は残るから便利です。

こうした記録は、深刻な事態になってしまった時、調査や裁判で、あなたが苦しんでいたことの証拠として役に立つこともあります。自分の苦しみを他の人にわかってもらうために、記録を取っておくことは重要なのです。

いずれにしろ、つらくて苦しいなら部活はやめていいんです。

もし部活をやめてしまったら進路や進級のことが心配ですか？　1章で解説したように、内申点に大きく響くなんてことはありませんから、安心してください。それよりもあなたのこころとからだが心配です。

部活をやめても、人生は続きます。部活をやめてゆっくり休めば、また他のことにチャレンジしたいと思えるかもしれません。やめたことをプラスにしていくこともできるんです。当たり前の話ですが、人生全体のバランスのなかで、部活との付き合い方を考えてください。

そうは言っても、その「当たり前の話」が、部活でつらい時ほどわからなくなってしまう。がんじがらめの部活で苦しい思いをしていては、目の前が真っ暗で、その後に待っている人生まで見えづらくなってしまうんですよね。

だから忘れないように、もう一度、強調しておきます。部活はやめていいいんです。

⚽「退部の仕方」教えます

では、部活はやめていい、ということを理解してもらったので、「退部の仕方」も教えましょう。

学校や部活のルールで退部の仕方が明確に決まっているなら、それに従いましょう。たとえば、生徒会室で「退部届」を受け取って、保護者にサインしてもらって、顧問の先生に提出する、といった具合です。

ただ、部活はやって当たり前と思われている学校なら、あまり表だって退部の仕方は決まっていないかもしれません。

そんな時、どうすれば退部できるでしょう。顧問の先生に「やめたいです」と言って、認められれば問題ありませんね。しかし、部活をやめたいと悩んでいる多くの生徒は、まさにその顧問の先生に言えないから悩んでいます。怖くて言えない、どうせ「やめるな」と言われてしまうと。

だから、顧問以外で話せる先生はいないか、探してみましょう。たとえば担任の先生はいかがですか。顧問には言えないけど、担任なら話せるかも、と思ったなら、「先生、部活で悩んでいて……」と相談してみましょう。力になってくれるかもしれません。

担任は話を聞いてくれない、担任も顧問とつながっているから話したくない、という場合は、保健室の先生(養護教諭)なら確実に相談に乗ってくれます。養護教諭は、こころやからだの悩みを聞いてくれる専門家です。「顧問には言わないで」と伝えれば、秘密も守ってくれるはずです。

家族はどうですか。悩みを打ち明けて、お父さんやお母さんが味方になってくれるなら、心強いです。家族の方から、顧問を飛び越して、校長先生に直接、部活で苦しんでいることを伝えてもらいましょう。また学校も飛び越して、教育委員会（私立学校の場合は学校法人）に電話してもらうこともできます。

そのとき、学校やおとなたちに事態の深刻さを理解してもらうために、部活での苦しみや心身の不調について、できるだけ具体的に伝えるようにしてみてください。さきほど言った通り、日頃の部活の嫌な部分をふり返ったメモや記録が、ここで役に立ちます。

さて、いよいよ退部できそうになってきたら、退部後にどうするかも合わせて考えておきましょう。部活をやめたいと思っていても、「やめたら何をしたらいいかわからない」「学校に居場所がなくなってしまう」という理由でちゅうちょしてしまうこともあります。だから退部の選択は、退部後の生活イメージとセットで行った方がいいですね。

部活で過ごした時間を、つぎは何をするか。クラスの友だちグループと遊んでもいいし、別の部活に入り直してもいいし、学校外で過ごす時間を増やしてもいいかもしれませんね。もちろん、とりあえず家でゆっくり休む、でも構いません。どこかに居場所があれば、嫌な部活から逃れやすくなるでしょう。

でも、お父さんやお母さんは、「部活をやめるのは、もったいないよ」と言ってくるかもしれません。周りの先生たちも「もう少し頑張って続けてみたら」と思いとどまらせようとするかもしれません。こうした意見は傾聴すべきですが、それでも退部の意志が固まっているなら、あなた自身の思いを大切にしてください。

部活はやってもやらなくてもいい活動ですから、やめたいならやめていいし、どうしようもなくつらいならやめるべきです。退部の意志をはっきりと周りの人に伝えてみましょう。

それでもなかなか認めてくれない時は、すぐさま退部ではなく、しばらく休部、と控えめな要求に変えてみるのも一案です。まずは「一週間、休ませてほしい」と言えば、認めてくれるかもしれません。

そうすれば、ある意味でこちらのもの。一週間たったら「来週もまた休ませて」「あと、もう少しだけ休みたい」と繰り返せば、自然にずるずると何となく退部への道筋がついてくるでしょう。

だましたようで、ずるい？　いやいや、そんなことありません。だって、やめたいと思ってるのに、やめさせない方が悪いんだから。

それに、しばらく休部してみると、こころとからだも休まって、また部活やりたいな、という気持ちが湧いてくることもあります。そうなれば、「退部じゃなくて休部でよかった」と、周りはもとより、本人も思うかもしれませんね。

⚽頼れる先生に頼んでみよう

さて、部活のあり方を抜本的に変えていくために、「考える」「話し合う」「マネジメント」「部則の見直し」「創部／廃部の手続き」「退部の仕方」と、いろいろとアイディアを提案してみました。いかがでしたか。

「おもしろそうだけど、本当にそんなことできるかなぁ。だってぼくたち子どもだし、無理かも。自分たちだけではできないよ……」と不安かもしれませんね。

だったら、先生に頼ってみましょう。怖い先生にやらされる部活はこりごりですが、頼れる先生に自分たちからお願いするなら、問題なし。だって自分たちがしたいことをするために、手助けしてもらうわけですから。

生徒のみなさんが思っている以上に、先生という存在は頼りになるものです。たしかに、「剣道部顧問なのに剣道なんてしたことがない」といった〝素人顧問〟もいますが、先生は学校教育のプロです。だから実は、スポーツや文化活動の知識に詳しくない場合があったとしても、学校の仕組みにつながる部分については、力強く支援してくれるでしょう。

たとえば部活で学校の施設や道具を使いたければ、校庭や体育館、音楽室や美術室を管理している先生に頼んでみましょう。部活で生徒同士の人間関係がこじれてしまった時も、先生は相談に乗ってくれるはずです。いつもクラスで起きるケンカの仲裁役を担ってくれるわけですから。

部活の組織づくりや計画の立て方も、先生に頼ることができます。先生はカリキュラムをつくって授業を計画通りに行う専門家なので、きっとアドバイスをくれますよ。

先生というものは、たとえ忙しい最中でも、生徒が自分から相談に来てくれれば、うれしく感じるものです。本当に忙しい時は、断られる覚悟も必要ですが、それもこれも聞いてみなくちゃわかりません。

だから、「子どもだからできない……」という自分たちの未熟さを逆に利用するくらいの気持ちで、「先生、助けてください〜」と甘えてみてもいいんですよ。

頼み方の極意は三つ。①自分たちがどれほど部活をしたいのかを情熱的に語ること、②そのためにどこまで自分たちだけで頑張れたかを伝えること、③その上で先生に何を助けてほしいのかを知らせることです。

そうそう、大事なことを忘れるところでした。先生に助けてもらうといっても、部活の主役はあくまでも生徒自身です。だから、先生には部活の「脇役」になってもらうことも伝えておかねばなりませんね。

そこで先生に頼みに行く時は、本書を忘れずに持って(ここ重要!)、「先生、九六ページに「頼れる先生に頼んでみよう」と書いていたので……」と伝えましょう。そのとき、先生がノリノリ過ぎて、オラオラと生徒に命令しはじめてしまうなら、「先生、そうは言っても六一ページには「部活の主役はあなた自身」とも書いていました」とも伝えておきましょうか。

最後に、部活維新の基本コンセプトを繰り返しておきましょう。目指すは、「生徒の、生徒による、生徒のための」部活。部活の主役はみなさん自身です!

3章

部活お悩み相談所

部活博士と金髪学者が答えます

この章では、みんなの悩みに答えつつ、さらに詳しく悩みの背景を探り、どう考え、行動すべきかについて解説をしていきます。

から始まる文章は、生徒たちの悩みです。

それに部活博士（中澤）が答えます。続いて金髪学者（内田）が、それらに沿って解説します。

Q&A 休みがほしい

「部活がつらくて、本当はもっと休みたいんです。でも、先生にも親にも休んじゃダメって言われるから、なかなか休めません。子どもに休む権利はないんですか？」

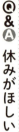

「いいえ、もちろん休む権利はありますよ。部活は嫌々するものではありません！　先生や親に「疲れてつらいから休みたい」とホンネをはっきり伝えてみてはどうでしょう。もし、それでもダメって言われるなら、保健室の先生に相談してみましょうか。一度、休んでリフレッシュできれば、また部活をしたい気持ちが出てくるかもしれませんね」

「最近疲れが溜《た》まるから少し休もうと思ったけど、友だちに迷惑をかけたくないし。どうしようか迷ってます。あと、休んだら下手になっちゃうから続けるのが大事、って聞いたこともあります。やっぱり、つらくても休まない方がいいですか？」

「休みたくても、周りへの気遣いができるなんて、あなたはエライ！　ただ、本当に疲れてつらかったら、しっかり休むべきですよ。きちんと説明すれば、友だちも理解してくれるはず。先生にも相談してみよう。少しくらい休んでも下手になるなんてことはないから、安心してください。部活のパフォーマンスやモチベーションを上げる

ためにも、たっぷり休養して疲れを取ることが大切なんです」

「部活を休んだら、内申点が悪くなるって言われました。本当ですか？　勉強はあまり得意ではないので、進学のためにも部活を頑張った方がいいのかも、って悩んでいます」

「部活と内申点の関係が気になって、休むに休めないという悩みを抱えている生徒はたくさんいます。でもね、心配しないでください。特別なスポーツ推薦入試などでもなければ、部活を休んだりやめたりしても、内申点が悪くなることはありません。それよりも教科の勉強がとっても重要です。だから、授業を頑張ることをお忘れなく。授業あっての部活です」

解説　休む権利、休養の大切さ、入試と部活

生徒も先生も休みたい

ここまで繰り返し述べてきたように、部活というのは、本来は生徒であるみなさんの「自主的な活動」によって成り立つものです。みなさん自身が主役であり、そのことから考えると、自主的な活動なのに休めないというのは、矛盾していますよね。

まずもって、みなさんには部活を休む権利も退部する権利もあります。「子どもの権利条約」の第三一条には「締約国は、休息及び余暇についての児童の権利並びに児童がその年齢に適した遊び及びレクリエーションの活動を行い並びに文化的な生活及び芸術に自由に参加する権利を認める」と明記されています。いわば2章で述べた「独立自尊の個人主義」、みなさんは自由に自分の放課後の時間を使ってよいのです。

ただ現実には、休みにくい空気があるのも事実です。この「休みにくい」問題は、ちゃんと先生が生徒の立場で考えてくれるよう、本当は私たち部活のことを研究する大学教員がもっと学校や自治体、国に対してはたらきかけていかなければならないことです。

ただ、この「空気」というのはやっかいなもので、1章で言及したように、じつは先生自身も休みたがっています。中学生も高校生もそして教員も、全体としては「本当はもう少し休みたい」と思いながらも、土日を含め毎日のように活動しています。

ここから見えてくるのは、生徒も先生も、お互いに首を絞め合っているのではないかということです。お互いに休みたいと思っているのに、練習を頑張ってしまう。毎月のように試合が予定されていて、その試合のために練習試合が組まれていて、その練習試合のために練習せざるをえない。「休んだら負けちゃうかも」といった不安が、「休みたい」という気持ちを押し殺し、結果的に練習日が増えてしまうのです。

●ガイドライン「休養をとりなさい」

土日というのは、生徒のみなさんにとっても、先生にとっても、学校から離れて、心身ともにリフレッシュするための時間です。なのに、実際のところは生徒も先生も、土曜日や日曜日に学校に来て、部活に参加しています。これは、決して望ましい状況とは言えません。

スポーツ庁はこうした状況に危機感を抱いて、二〇一八年三月に、「運動部活動の在り方に関する総合的なガイドライン」を策定しました。それに続いて文化庁も二〇一八年一二月に「文化部活動の在り方に関する総合的なガイドライン」を策定しました。

両者は基本的には同じような内容で、運動部であれ文化部であれ、一週間に二日以上の休養日(平日に一日以上、土日に一日以上)を設けることと、一日の活動時間は平日が二時間程度、土日は三時間程度とすることが明記されました(表3)。

表３　部活動のガイドラインにおける休養日の設定

■スポーツ庁「運動部活動の在り方に関する総合的なガイドライン」[2018年3月] 運動部活動における休養日及び活動時間については，成長期にある生徒が，運動，食事，休養及び睡眠のバランスのとれた生活を送ることができるよう，スポーツ医・科学の観点からのジュニア期におけるスポーツ活動時間に関する研究も踏まえ，以下を基準とする． ○学期中は，週当たり２日以上の休養日を設ける．（平日は少なくとも１日，土曜日及び日曜日(以下「週末」という．）は少なくとも１日以上を休養日とする．週末に大会参加等で活動した場合は，休養日を他の日に振り替える．） ○長期休業中の休養日の設定は，学期中に準じた扱いを行う．また，生徒が十分な休養を取ることができるとともに，運動部活動以外にも多様な活動を行うことができるよう，ある程度長期の休養期間(オフシーズン)を設ける． ○１日の活動時間は，長くとも平日では２時間程度，学校の休業日(学期中の週末を含む)は３時間程度とし，できるだけ短時間に，合理的でかつ効率的・効果的な活動を行う．
■文化庁「文化部活動の在り方に関する総合的なガイドライン」[2018年12月] 文化部活動における休養日及び活動時間については，成長期にある生徒が教育課程内の活動，部活動，学校外の活動，その他の食事，休養及び睡眠等の生活時間のバランスのとれた生活を送ることができるよう，以下を基準とする． ○学期中は，週当たり２日以上の休養日を設ける．（平日は少なくとも１日，土曜日及び日曜日(以下「週末」という．）は少なくとも１日以上を休養日とする．週末に大会参加等で活動した場合は，休養日を他の日に振り替える．） ○長期休業中の休養日の設定は，学期中に準じた扱いを行う．また，生徒が十分な休養を取ることができるとともに，文化部活動以外にも多様な活動を行うことができるよう，ある程度長期の休養期間(オフシーズン)を設ける． ○１日の活動時間は，長くとも平日では２時間程度，学校の休業日(学期中の週末を含む)は３時間程度とし，できるだけ短時間に，合理的でかつ効率的・効果的な活動を行う．

運動部ガイドラインによれば、なぜこうした上限が定められたのかというと、スポーツ科学の研究により、「トレーニング効果を得るために休養を適切に取ることが必要であること、また、過度の練習がスポーツ障害・外傷のリスクを高め、必ずしも体力・運動能力の向上につながらない」ことがわかってきたからです。

文化部ガイドラインも同様の見解で、「長時間の活動は精神的・体力的な負担を伴い、また望ましい生活習慣の確立の観点からも課題があるものであり、生徒のバランスのとれた生活や成長に配慮し、一定の休息をとりながら進められるべきである」と記されています。

これまでの日本の部活指導は、とにかく「たくさん練習すればうまくなる」といった根性論にもとづく考え方が主流でした。もちろん練習することは大事なのですが、それで心身を壊してしまっては、意味がありません。生活のバランスを考えて、しっかりと休養をとりながら、心身に負荷をかけすぎないようにして活動を続けることを目指すべきなのです。

●授業あっての部活

中学生や高校生の本務は、授業で勉強することです。部活というのは、1章で示したように、「教育課程外」の取り組みです。あくまで放課後の付加的な活動、いわば学校の授業の

「特典」や「おまけ」のような活動です。

ラグビーの強豪校として知られる國學院久我山高校で、ラグビー部監督を四〇年余りにわたって務めてきた中村誠さんは、『一所懸命――ラグビーは教育だ！』(鉄筆)と題する本のなかで、自らの半生を振り返りながら、部活のあり方を論じています。

この本の最大の魅力は、副題にもあるとおり、國學院久我山高校のラグビーを「教育」活動と位置づけたところです。全国制覇を重ねてきたラグビー部であるからには、どれほど部活に熱を入れてきたのかという点が、みなさんは気になるかもしれません。でも私がとりわけ印象深く感じたのは、学校の授業があっての部活という、中村さんの揺るぎない信念です。

中村さんが國學院久我山高校に赴任した当初、同校のラグビー部は弱小チームだったと言います。そこで中村さんは、ラグビー部を率いるにあたって、たんに部を強くするところだけに力を注いだわけではなかった。高校生の本務は勉強だということで、「担任は自分のクラスの生徒に、ちゃんとしてもらいたいじゃないですか。だからラグビー部の生徒には、授業中に居眠りするな、遅刻するな、服装を正せ、掃除当番をさぼるな、宿題はやれって、そういうことばっかり言ってきました」と、中村さんは述べています。

授業中の態度を正すことで、担任と部活顧問との関係性が築かれる。その結果として部員も増え、部は活性化していく。授業あっての部活です。考えてみれば、「特典」や「おまけ」の活動が、本体を蔑ろにしてしまっては意味がありません。

地域によっては、部活の大会が平日に開催されるために、授業を休んで大会に出かけるようなケースがあります。教育課程外の部活が、教育課程の授業を押しのけてしまう。これは本末転倒で、明らかにマズイです。授業をしっかりと受けてはじめて、部活がある。この前提を忘れないでください。

Q&A 人間関係がイヤ

「一年生で一人だけレギュラーになれました。とってもうれしかったんですが、他の一年生から「お前だけずるい」って嫌がらせされます。こんなことになるなら、レギュラーになんかならなくて良かったのに……みんなと仲良く部活がしたいです」

「せっかく頑張ってレギュラーになれたのに、嫌な思いをしてつらいね。気持ちはわかります。それでも、あなたが一生懸命に努力した結果は、とても価値のあることで

すから自信をもってください！　他の一年生の嫌がらせは、良くないことです。顧問の先生に相談して対応してもらいましょう」

「生意気な後輩がいて困っています。先輩の僕に敬語を使いません。準備や片付けは一年生の役割なのに、守ろうとしないで遊んでいるし。どうしたらいいですか？」

「厳しい先輩後輩関係を求めると、息苦しくなっちゃうかもね。「生意気な後輩」に手を焼いているようだけど、「懐深い先輩」として敬語を使わないくらい許してやりませんか？　役割については、その必要性を理解してもらうようにきちんと説明するのが大切です。でも、そもそも「一年生は雑用係」というルールを見直して、全員で準備と片付けをすればいいんじゃないかな。部活を愛する同士に先輩も後輩も関係なし。いっしょに部活を楽しむ「仲間」ですよ」

「部活でいじめられています。怖いから「やめて」って面と向かっては言えません。友だちは気づいていても、関わるのがイヤみたいで、助けてくれないし。先生に相談

をしたら、「いじめられる方も悪い」って言われて、相手にしてもらえませんでした。もうおとなを信じられません。消えてしまいたいです」

「すぐに部活をやめましょう。いじめは本当につらい深刻な悩みです。あなたがせっかくSOSを出したのに、きちんと対応しなかったその先生は間違っています。他の先生やご家族の方に相談してみて、助けてもらいましょう。もう一度はっきり言いますね、死ぬほどつらいなら、退部すべき。あなたのこころとからだが何よりも大切です」

解説　部員と仲良くできない、厳しい人間関係、いじめ問題

●春名風花さんの『いじめているきみへ』

2章の表2で示したように、中学校や高校の部活における悩みをたずねた調査では、もっとも割合が高かったのは「特段の課題や悩みはない」でした。運動部か文化部かにかかわらず、三〜四割の生徒がそう答えました。ただ、「部活動の時間・日数が長い」「学業との両

立」「他の生徒との関係」などの項目でおおよそ一～二割の生徒が「悩みがある」と答えています。

とくに「他の生徒との関係」は、授業を受ける時も、家に帰ってからも気がかりなことですよね。「他の生徒との関係」の悪化はいじめにつながりかねないだけに、私たちはとても心配です。

「特段の課題や悩みはない」人にとっては、一割くらいの仲間がいじめなどの人間関係で悩んでいたところで、それほど重要な問題ではないと思うかもしれません。でも、困っている人が少なければそれでよいということにはなりません。困っている本人にとっては、毎日の学校生活がしんどいことでしょう。そして今は悩みがなくても、いつか自分にその悩みが生じることだって、十分にありえます。

「はるかぜちゃん」の愛称で知られる女優・声優の春名風花さん作の絵本『いじめているきみへ』(朝日新聞出版)の言葉を紹介しましょう。

『いじめているきみへ』という挑戦的なタイトルの表紙をめくってみると、本文は意外な主張から始まります――「いまから　かく　ことばは　きみには　とどかない　かもしれない　いじめている　こは　じぶんの　こと　いじめっこだなんて　おもわないから」。

この本の内容は、「きみには　とどかない　かもしれない」。あなたは本文を読みながら、「本に書かれていることは、自分とは関係ない」「自分はこんなひどいこと、やったことない」と思うかもしれません。実はそう思った瞬間こそが、もっとも危険なのです。

　エラーやミスをした仲間を見下したり、「練習が足りないんだ」と後輩に厳しく怒鳴りつけたり、そして本人のいないところで悪口を言ったりする。もはやこれは、部活をよりよいものにしようというよりも、たんに誰かをいじめて満足しているだけです。そしていじめの恐ろしいところは、その言葉や行動を「あってはならない」ことだと考えなくなってしまう点です。

　本の最後に、春名さんは「この本を手にとってくれたあなたへ」とメッセージを残しています。そこで春名さんは「すべての人が「自分のこと」だと思って読んでくれたら嬉しいです」とつづっています。無意識のうちに人をいじめていないか、傷つけていないか。自分はまさか「いじめている」なんて思っていない。でも、じつは自分自身こそが「いじめているきみ」だったのです。「すこしだけ　そうぞう　してください」――春名さんの言葉が胸に突き刺さります。

厳しい空気と楽しい空気

二〇一八年の五月、日本大学と関西学院大学のアメリカンフットボール部の定期戦で、日本大学のA選手が関西学院大学のB選手に危険なタックルをして負傷させたことが、大きな話題となりました。

タックルしたA選手は、その後に実名と顔出しで会見を開き、自分の行為を謝罪するとともに、コーチから相手選手を「つぶせ」と言われたことが直接的な引き金となったと述べました。

一連の報道のなかで、私(内田)がもっとも印象に残ったのは、タックルしたA選手が、「好きだったフットボールが、あまり好きではなくなってしまった」と発言したことでした。

部活とは、中高だろうが大学だろうが、「やってもやらなくてもいい」活動です。授業と違って、強制されるものではありません。自分がやりたいから、それに参加するのです。実際にA選手も、高校の時にアメフトを始めて「とても楽しいスポーツだなと思い、熱中していました」と語っていました。ところが、「大学に入って、厳しい環境といいますか、そういうもので徐々に気持ちが変わっていって」「好きだったフットボールが、あまり好きではなくなってしまった」というのです。そしてついには、「この先アメリカンフットボールをやるつもりもありません」（二〇一八年五月二二日、記者会見での発言）と、競技生活からの離脱を決意するまでに至ったのです。

選手の成長を促すはずの部活という教育活動において、その活動が厳しすぎるあまりに、選手が部活さらには競技生活から離脱していく。はたして部活はこのままでよいのでしょうか。

大会に参加するなかで、勝ちを目指そうとつい部活の雰囲気がかなり厳しいものになっていくことがあります。厳しさは必要かもしれません。でも、何人かの（有能な）生徒が、厳しさゆえにそこから離脱していく。その上に部活が成り立っているのだとすれば、私たち筆者は、それよりは誰もがハッピーになれる部活を目指すべきだと考えるのです。

休みたくなった時には

仮に部活がそれほど厳しいものではないとしても、自分の都合で部活を休んだりやめたりしたくなることがあるかもしれません。

さきほどの「休みがほしい」というお悩みにも関連するので、あらためて解説すると、あなた自身が顧問の先生との関係で、部活を休めない、退部できないといった状況に置かれているならば、まずは担任の先生に相談してみましょう。担任の先生があまり協力してくれない場合には、校長先生です。なぜなら、校長先生は職務上、「管理職」という立場にあるため、しっかりとルールにもとづいて学校の活動を運営しなければならないからです。つまり、学習指導要領で部活が「自主的な活動」と規定されているからには、校長先生はそれを守らなければならないのです。

でも、学校自体が部活に熱心だと、校長先生であっても聞く耳をもってくれないこともあります。その場合には、保護者を通じて教育委員会に問い合わせてみるとよいでしょう。教育委員会のレベルになると、ルールに則った考え方で判断します。だから、あなたが部活を休みたいのであれば、そのことをちゃんと尊重してくれて、あなたが休めるように校長先生に伝えてくれることでしょう。

また、すでに1章で述べたように、スポーツ推薦や文化推薦を除けば、内申書に記載される部活の活動状況が入試の合否に与える影響は、とても小さいです。一般的にはまずもって内申書に、「部活を休みがち」といったマイナスの評価が書かれることはありません。また、そもそも部活のことを記入する欄も小さく、仮に記入されたところで入試の合否判定においてはほとんど参照されません。

入試への影響がかなり小さいとなれば、ホッと安心する人は多いことでしょう。でもそのことが大々的に知れ渡ると、生徒が部活をやめてしまうかもしれない。学校はこれまで「部活は魅力溢れる活動」だと考えてきましたから、生徒が気軽に休んだりやめたりしては、困ってしまいます。だから、先生たちもあまり大きな声で言えないのです。

繰り返しとなりますが、部活の主役はあなた自身です。ふだんの練習を休むことも、部活そのものをやめることも、あなたの自由です。気負う必要はありません。ただ簡単にそうはできない現実があるので、私たち部活のあり方を研究する大学教員がしっかりと学校や自治体、国に訴えていきたいと思っています。

Q&A 部活をとことん頑張りたい

「頑張って練習したいのに、やる気のない部員がいて困っています。塾があるから来ないとか、信じられません。やる気がないなら、やめてほしいと思います。チームの迷惑です。そんな考えはダメですか？」

「部活にはいろいろな生徒が参加するから、全体をまとめるのは大変だよね。なおさらチーム競技や団体活動などでは、全員の考えをまとめる必要があるしね。だから、部活のやり方をみんなで話し合って決めたらどうだろう。この日のこの時間は全員揃ってチーム練習したり、別の日は個人の都合で自由参加とか。いろいろな生徒が集まるのが部活の良いところでもあるから、みんなが納得できるあり方を模索してほしいと思います」

「ぼくはプロサッカー選手になりたいと思っています。学校のサッカー部に入っているんですが、地域のクラブも良さそうで、移ろうかと悩んでます。ゆくゆくはJリーグクラブのユースチームに入りたいし。サッカーをする場所は、部活じゃなくてもいいですか？」

「やりたいことをやる場所は、部活だけではなく、地域のクラブや習い事教室もありますよね。どちらがいいかは簡単には言えないけど、自分に合った場所を見つけることが大切です。まずは見学に行ったり指導者に話を聞いたりして、情報を集めよう。

ただ地域の活動の場合、参加費を求められたり、遠方まで通う必要もあったりするので、よく確認してください。Jリーグのユースチームに入るには、セレクション（選抜試験）を突破する必要がありますね。プロサッカー選手の夢に向けて努力してください！」

「私たちのチームは、全国優勝を目指して日々、トレーニングを積んでいます。仲も良いし、みんなで励まし合って最高のチームです。でも、「部活のやり過ぎはダメだ」って最近は言われて、なんだか部活を頑張るのが悪いことみたいで嫌な気分です。部活、頑張っちゃダメなんですか？」

「そんなことないよ。もちろん頑張ることは、とてもすばらしいことです。最近、部活のやり過ぎが問題になっているのは、嫌々強制されている生徒がいたり、疲れが溜まってケガする生徒がいたりするからです。あなたの部活には、そんな生徒はいないよね？　もしいたら助けてあげてほしいけど、本当にみんな仲良く頑張っているなら、まさに「最高のチーム」じゃあないですか、すごい！　その調子で、全国優勝目指し

て頑張ってください。応援しています」

解説　部員のやる気の違い、地域のクラブや習い事教室、部活のやり過ぎ

上級者と初級者が同じ集団にいる

部活は、大会やコンクールに参加し勝ち進むことを目標にして、部員みんなでいっしょに取り組むという点で、授業とは大きな違いがあります。授業というのは、みんなでいっしょに受けていますが、テストの時に自分たちの平均点を他の(学校の)クラスと競ったりすることはありませんよね。部活は集団プレー、授業は個人プレーです。

だから、部活では集団がもつ意味や影響力が大きくなります。

その集団のなかには、上級者の生徒と初級者の生徒がいます。たとえば都道府県大会や全国大会で勝ち進んでいくことを前提とした時、上級者と初級者が同じメニューをこなすというのは、上級者にとっては効率が悪いですよね。

それは初級者にも当てはまります。本当は、基本的な技能を習得したり、ほどほどに楽しんだりしたいだけなのに、上級者に交じって、高い目標に向けて日々努力する必要はありません。

もちろん、上級者と初級者がともに学び合うことは大事です。でも集団プレーを考えたときに、同じチームで上級者と初級者が同じ練習をこなすというのは、必ずしも好ましい状況ではありません。

だから本当は、上級者と初級者それぞれが自分たちの状況に合わせた活動ができるよう、顧問の先生が生徒のみなさんにどんな練習方法がよいかを提案してくれるとよいのです。ぜひ、みなさんがこの本を読んだからには、自分が部活にどう関わりたいかをちゃんと考えて、何人かの仲間を集めて顧問の先生に相談してみることも大切です。

ただしこの後に述べるように、従来の部活ではそうした発想がほとんどありませんでした。誰もが上級者になるべく、あるいは大会やコンクールで勝利すべく、厳しい練習を重ねていくというモデルが主流でした。今教育界では、部活のあり方そのものの改革が進んでいます。

競争？　それともレクリエーション？

スポーツ庁の運動部ガイドラインや文化庁の文化部ガイドラインでは、大会やコンクールに積極的に挑戦していきたい生徒もいれば、他方で友だちといっしょに楽しむことを大事にしたい生徒もいて、部活に対しては多様な要望があるということが示されています。

たとえば運動部ガイドラインには、競技力向上以外の部活のあり方として「具体的な例としては、より多くの生徒の運動機会の創出が図られるよう、季節ごとに異なるスポーツを行う活動、競技志向でなくレクリエーション志向で行う活動、体力つくりを目的とした活動等、生徒が楽しく体を動かす習慣の形成に向けた動機付けとなるものが考えられる」と記されています。

部活というのは趣味のようなものですから、当然ながら競技志向ではなく楽しむことに重点を置いたものがあってよいわけです。今後の放課後の活動には大きくわけて、「競争型」と「レクリエーション型」がありうると考えられます。

「競争型」とは、トップアスリートやプロフェッショナルの養成を目指すものです。

競争型を望む生徒は、大会やコンクールに積極的に参加して、優秀な成績をおさめることを目標に、日々の練習を頑張ります。その場合、どうしても高度に専門化された指導が必要です。それなりの費用も、必要です。学校の部活がその役割をはたすことも不可能ではありませんが、専門性や費用の面からそれはやはり民間のクラブチームにお任せした方がよいでしょう。

これまでの部活では、地区大会から全国の学校の部活を巻き込んでそれが全国大会につながっていくというシステムであれば、全国から選りすぐりの人材が勝ち上がってくるだろうという発想でした。ところが実際には、水泳、体操、卓球、フィギュアスケートなどの競技種目では、メダリストは、幼い頃から民間のクラブチームでエリート養成の指導を受けて育っています。その意味では、「強くなりたい」「勝ちたい」ための答えはすでに出ています。民間のクラブチームで、上級者が集まって、そこでちゃんと月謝を払って専門的な指導を受けることが、近道なのです。

●部活を楽しもう

もう一つの「レクリエーション型」とは、その活動に親しむことを重視するものです。たとえば、大学生になると、学生はサークルといった形で、ゆるやかに当のスポーツや文化活動を楽しんでいます。あるいは社会人になってからも、古くは草野球というものもあれば、他にもテニスや水泳、合唱、バンドなど、各自が好きにその活動をやっています。ときに試合やコンクールに参加することもありますが、勝とうが負けようが、楽しいことが最優先されます。

みなさん、sport の語源の意味をご存じでしょうか。語源はラテン語の deportare で、その意味は、「気晴らしをする」です。ラテン語は知らないとしても、ぜひ一度、英和辞書で sport の意味を調べてみてください。みなさんが知っている「運動」という意味の他に、「娯楽」や「楽しみ」といった意味が書いてあることでしょう。

レクリエーション型であれば、まずもって厳しい練習は不要です。せいぜい週に二〜三日ほどその機会が用意されていれば十分ではないでしょうか。もちろん週に二〜三日であったとして、気分によって参加する日もあれば休む日があってもよいでしょう。

また週に二〜三日であれば、たとえば野球部は月曜日と木曜日、サッカー部は火曜日と金曜日とわければ、学校という空間を、ゆとりをもって使えるようになります。つまり、1章で述べたような、場所が足りないから廊下を走るという風景がなくなります。もう、野球のボールを気にしながらサッカーをやる必要はない。安全に部活を楽しめるようになるわけです。

Q&A 教師への不満

「最近、「ブラック部活」で教師が苦しんでいるってニュースを見ました。私の部活の顧問も、「これからは家庭の事情で土日は部活に出られない」って言ってました。部活は先生の仕事じゃないんですか？」

「よくニュースを見ていて感心します。「ブラック部活」問題の解決を叫んできた著者二人も研究者冥利に尽きる！　部活は、やってもやらなくてもいいものだから、先生の仕事とは言い切れないんです。それでも先生たちは、教育のために部活を指導してきてくれました。以前まで土日の部活を見てくれたのは、先生が休み返上で付き合ってくれていたからだね。ただ最近は、部活がどんどんやり過ぎになって、先生も苦しくなっちゃったんです。部活を残していくためにも、これからは先生もしっかり休ませてくださるよう、ご理解ご協力のほどよろしくお願いいたします」

「顧問が素人でまったく指導してくれません。上手くなりたいのにこれじゃあ全然チ

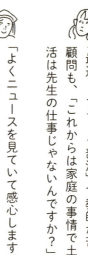

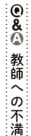

ームは強くなれません。隣の学校では専門の先生が顧問になっているのに、どうしてウチの部活は素人が顧問なんですか？」

「顧問の先生が〝素人〟という部活は実は多いんです。先生は授業の専門家で、スポーツや文化活動の専門家とは限らないからね。専門的な知識や技術を教えてほしい、というあなたの気持ちに応えられないのは残念だけど、顧問がいないと部活自体がつぶれてしまうしね。あ、だったら練習メニューを、生徒自身で調べたり考えたりしたらいいんじゃない？　先生の指導が無いからこそ、自分たちの好きなように自由な部活がつくれるかもしれません」

「ウチの顧問が、試合で負けた時、部員を一列に並ばせて、「根性見せろよ。やる気無いならもう部活来んな！」と怒鳴って、ビンタしたり、殴ったりしてきます。正直、怖くて、部活が全然楽しくありません。どうすればいいですか？」

「その顧問の先生は間違ってる。体罰・暴力・暴言は絶対に許されない。すぐに他の

おとなに相談してください。担任の先生とか、校長先生とか、保健室の先生とか、家族とか、話を聞いてくれそうなおとなは周りにいるかな。顧問にバレたら怖いと思うなら、「名前は出さないで」って伝えてヒミツを守ってもらえば大丈夫。もし相談してる時間も無くて、身の危険を感じるなら、もう部活には行っちゃダメ。みなさんの生命と健康がいちばん大事です!!」

解説 教師の過重負担、教師の指導力不足、体罰・暴力・暴言

●先生たちの長時間労働

二〇一〇年代後半頃から、学校の先生がずいぶんと働き過ぎじゃないかということが知られるようになってきました。先生たちはブラック企業も真っ青なほどに、異常な労働環境で働いています。

1章でも述べたように、二〇一六年度の教員勤務実態調査によると、公立中学校の先生たちの一カ月あたりの残業時間は、平均で約八一時間でした。平均値が過労死ラインを超えてしまっています。

一〇年前に実施された二〇〇六年度の調査と比較してみると、中学校の先生は一時間四九分も労働時間が増えています。そのなかでも突出して増加したのが、土日における部活指導の時間でした。土日の一日あたりで、六四分もの増加でした。たしかに、活動時間が増えるとすれば、平日は限界がありますよね。お腹もすくし、外は真っ暗になります。でも土日は、朝からたっぷり練習できます。だから、活動時間が大幅に増えてしまうのです。

そしてもう一つみなさんに知っておいてほしいのは、先生はサラリーマンがもらっている残業代というものが支給されていないということです。民間企業であれば、通常の勤務時間(平日の場合、たとえば午前九時〜午後六時)を超えた労働については、ちゃんと残業代が支払われます。でも公立校の先生については、「給特法」(正式には「公立の義務教育諸学校等の教育職員の給与等に関する特別措置法」)と呼ばれる特別な法律によって、残業代が支払われないことになっているのです。

土日については地域によりますが、部活指導をたとえば三時間以上行うと二七〇〇円ほどの支払いがあります。ただ、三時間未満だとゼロ円、また試合で八時間使っても二七〇〇円といったことも多々あります。これでは、二〇一八年度の四七都道府県における最低賃金の平均額八七四円(正式には「加重平均額」と呼ばれます)を大幅に下回ってしまいます。

いずれにしても、労働という観点から評価すると、部活指導を含めて先生たちの労働状況は、きわめて過酷であると言わざるをえません。先述したとおり、みなさんにとっても、練習時間が多すぎるのは大きな問題です。それは先生にとっても同じです。

そもそも先生という職業は、授業を教えることが本務です。先生のなかには、部活の指導が忙しくて、授業準備が不十分なまま授業に臨んでいるケースもあります。せめて土日(のうち少なくとも一日)はできるだけ心身を休めてリフレッシュしてもらいましょう。それでこそ、平日の授業日程を健全にこなしていくことができるのです。

顧問だけを頼りにしないこと

学校教育のなかで部活というのは、制度的には存在感の薄い活動です。先生は数年ごとに学校を異動しますよね。異動は、教科を基準にして行われています。部活は考慮されません。だから、部活を誰が担当するのかに関係なく、先生たちは異動します。

C校のサッカー部の先生がD校に異動したからといって、C校にサッカーを得意とする先生がやってくるわけではないのです。だから、昨年まではサッカーの得意な先生がサッカー部を指導していても、新しい年からはまったく素人の先生がサッカー部の指導者になるということが、十分にありえるのです。

こんな風に、部活は現実的にはとても不安定なななかで運営されています。不安定な活動というのは、言い換えると先生のさじ加減一つで、状況が大きく左右されてしまうということでもあります。トラブルもたくさん起こりえます。

みなさんにとって、部活の顧問というのは絶対的な存在かもしれません。でも実際のところは、部活指導者としてのトレーニングを受けているわけではないのです。顧問の先生は、専門性もないなかで、かつての自分の経験を思い出したり、独自の感覚に頼ったりして指導にあたっている可能性があります。

体罰で成長できる?!

部活の顧問というのは、学校の先生です。教育者であるからには、そんなにまちがった指導はしないはずと期待したいところですが、残念ながら顧問のなかには、部員に暴言を吐いたり、暴力を振るったり、部活を自分の私物であるかのように好き勝手に扱ってしまう先生も、わずかながらいます。

しかも恐ろしいのは、たとえば生徒への身体的な暴行、いわゆる「体罰」というものは、

「お前のためを思って」「叱咤《しった》激励《げきれい》のため」「気合いを入れるために」といったように、指導の一環という形をとって行われる点です。道ばたで、学校の先生が、見ず知らずの人を殴れば、相手が誰であっても、すぐに暴行罪や傷害罪で刑事責任が問われます。ところが、学校のなかではそれが、指導の一環と表現できてしまう、いや、言い訳できてしまうのです。たしかに暴力によって、人を指導することは、不可能ではありません。顧問に叩かれたことで我に返って、自分を見つめ直すこともあるでしょう。

でも、今はそういう時代ではないのです。暴力というのは、生徒をビビらせて、恐怖のもとで生徒を従わせるという、卑劣《ひれつ》な方法です。ちゃんと言葉でコミュニケーションをとりながら指導していくというのが、顧問のあるべき姿なのです。そもそも体罰というのは法律違反です。「学校教育法」という法律の第一一条には、「体罰を加えることはできない」ということが、しっかりと書いてあります。

だから、顧問の指導に違和感を抱いた時には、信頼の置ける他の先生や保護者などのおとなに相談してください。この世の中には、あなたの味方になってくれるおとなが必ずいると信じてください。

Q&A 親への不満

「部活は楽しいんですけど、親が盛り上がりすぎて困ってます。試合を見に来ると、恥ずかしいくらいに騒いだり、ヤジを飛ばしたりして。正直、みっともなくてやめてほしいです。でも応援してくれるのはうれしいので、親に何て言ったらよいかわかりません」

「部活が楽しくて何よりだね。親の過熱した応援に困る気持もよくわかります。それでも、応援してくれることをうれしく思えるあなたは立派！　親も良い子を育てたねぇ……ってその親が困ったことになっていたんでした。騒ぎすぎたり、相手を罵《ののし》るヤジは良くありません。親には、その気持ちをそのままストレートに伝えてみようか。「いつも応援ありがとう。でも、騒いだりヤジはやめて」って。親の応援がほどほどで心地よいものに変われば、ますます部活が楽しくなるね」

「部活をやめてアルバイトをしてみたいです。お小遣いが少ないし。それに、いろん

な経験をした方がおとなになってから役に立つかなと思って。でも、親が「部活をやめるな」と言ってきます。それでもやめたら、塾の科目を親に増やされそうだし。どうすればいいですか？」

「部活をするのもやめるのも、あなたの自由ですよ。部活だけが人生じゃないし、いろいろな経験を積むことは貴重だよね。アルバイトもきちんと考えをもって選んでいるようだし、チャレンジするのもいいと思います。親に塾を増やされそうなら、「勉強は自分で頑張るから」って親と話し合ってみたらどうだろう。自分のしたいことを自分で決めるのはすばらしいことだよ。だからこそ周りの人たちに、自分の考えを伝える努力もしてみてください」

「部活でジャージを全員で揃えることになったんですけど、親に頼むと「そんなお金はない」と言われました。たしかに我が家は裕福な方ではないことはわかっているので、困っています。自分だけ新しいジャージが買えないと恥ずかしいので、部活がイヤになっちゃいそう」

「部活にはいろいろとお金がかかって大変だよね。あまりに高額で負担が大きいのは良くないことです。先生や学校に相談してみようか。ジャージを全員で揃えることを決めたのは、顧問の先生なのかな。そのねらいや意味がわからないと、納得できないよね。お金が絡むことだし、学校や先生は保護者にもきちんとした説明をすべきだと思います」

解説　親の過熱した応援、親が「部活をやめるな」と言ってくる、部活とお金

保護者の口出し

生徒であれ先生であれ、部活が好きな人もいれば、それほどでもない人もいます。それは保護者も同じです。子どもの試合に夢中になって声援を送る保護者もいれば、「土日くらいは休ませてあげたい」と思う保護者もいます。部活というのは、それぞれの立場の人に、さまざまな感情を呼びおこす活動であると言ってよいでしょう。

ただ、部活については保護者がアツくなってしまう理由があります。その理由の一つは、授業と違って部活は基本的に「見せる」ものだからです。

スポーツにしても文化活動にしても、その大会やコンクールというのは、人数の多い少ないに関係なく、観客がいますよね。大会もコンクールも、一種の「ショー」なのです。だから、観客の気持ちが高ぶるのも当然です。ましてやそれが自分の子どもともなれば、我を忘れて夢中になってしまうのも仕方ありません。

ちなみに授業との比較でいうと、保護者から教員へのクレームも、授業よりは部活の方が多いということがわかっています。私は大学院生たちとともに、二〇一八年度に全国の中学校教員を対象に、部活や働き方に関する調査を実施しました。保護者からクレームを受けたことがあると答えた教員の割合は、授業が二二・一%、部活動四六・七%でした(なお詳細は、内田良他『調査報告 学校の部活動と働き方改革』(岩波書店)を参照してください)。部活の方が約二倍多いということです。

教科指導に代表される授業は、教員の専門性が発揮される場です。さすがにそれに対して保護者が口を出すのは難しい。でも、部活はこれまで述べてきたように、顧問教員は必ずしもその当該活動の専門家ではありません。それゆえ、保護者が積極的に介入しうるのです。

このように、大会やコンクールの「見せる」という性格から、また教員の専門性の事情から、保護者は部活に口を出しやすいという構図があります。ただしあらためて、部活をはじめとする学校の教育活動は、生徒のみなさんを育てるために営まれるべきものです。先生のためでも保護者のためでもありません。

部活とお金

部活と保護者との関係という点では、部活にかかる各種費用の問題も見過ごすことができません。

部活というのは先生たちによるただ働き同然で成り立っているという意味では、最小限のコストで運営されていると言えます。ただ、民間のクラブチームよりはお金がかからないとしても、それでも部活にはそれなりの出費がともないます。

もっとも基本的な運営費としての部費が、毎月数千円から一万円を超えることもあります。その他にも試合・コンクール時のユニフォームや、ふだんの練習等で使う部活オリジナルTシャツといった衣類、また帽子やシューズ、ラケット、楽器などの装着品や道具類、さらには遠征費や合宿費など、適時必要となるものもあり、これらも万単位の出費になりえます。

実際に、金銭的な負担が少ないことを最優先の条件として部活を選ぶ、という話もときどき耳にします。部活はもっとシンプルに、お金をそれほどかけずに実施することが可能です。せっかく生徒のみなさんが参加できるチャンスがあるのに、費用面で参加が叶わないというのは、すべての子どもに学びを保障するはずの学校教育としては、非常にマズイ事態です。

また、一人分でそれなりのお金がかかるわけですから、それが部員全員分となると、年間で一〇〇万円を優に超える額のお金が動きます。となると、お金の管理も大変になります。

学校の活動に関するお金は、基本的には各学校にいる事務職員さんが管理してくれます。部活も学校全体の予算から配分されるものについては事務職員さんが管理しますが、たとえばある部活が合宿に行く場合、特別にどこかの施設を借りて練習するような場合、お揃いのTシャツを買い揃えたりするような場合には、顧問の先生が管理せざるをえないことがあります。ただでさえ先生たちは忙しいところに、細かいお金の管理となるとさらに大変です。

みなさんは、週に多くの日にちと時間を部活に割いています。だとすれば、もう服装まで揃えなくても、十分に一致団結できるでしょう。お金の問題はなかなか口に出しにくいことですが、保護者の負担を少なくすることは、みんながハッピーになれる部活をつくるためには必要な条件と言えます。生徒と教員だけではなく、保護者にもやさしい部活であってほしいと思います。

4章

動き出した部活改革

全国で始まった新しい試み

今、部活のあり方を変えていこうとする試みが、全国各地で始まっています。

3章で解説したように、二〇一八年に国が「運動部活動の在り方に関する総合的なガイドライン」と「文化部活動の在り方に関する総合的なガイドライン」をつくりました。どちらも「適切」「合理的」「効率的・効果的」なあり方を目指して、週二日の休養日を設定しよう、平日の活動時間は二時間程度にしよう、と提言しています。部活のやり過ぎを防止しようとしているのです。

これらガイドラインは守るべきものです。それに従って、ちょうどいま都道府県や市町村で各地域に応じた部活のあり方が決められつつあります。その後に、各学校でそれぞれの部活のあり方が決められることになります。

そろそろ、あなたの学校でも、部活をどうするか、話し合いが始まっているところでしょうか。もしかすると、すでに学校のホームページや保護者向けのプリントなどで「本校の部活はこれから、週に平日一日以上、土日一日以上を休養日とします。活動時間も二時間以内としますか」などと発表されているかもしれませんね。

まだ何も発表されていないようなら、先生に「どうなってるの？」と聞いてみてください。「守るべきガイドラインを国が発表しているのに、私たちの学校では部活のあり方を変えなくていいんですか？」って、生徒から声をあげましょう。

自分から聞くのが難しければ、お父さんやお母さんに代わりに聞いてもらうのもいいかもしれません。保護者が学校や教育委員会へ問い合わせれば、地域の部活改革の進み具合がわかるはずです。

部活のあり方を決めようとする国のガイドラインは、教育委員会や学校に向けて書かれた文書です。生徒に向けて書かれたわけではありません。でも、部活のあり方は、おとなだけで勝手に決められないし、決めてはいけないはず。だって、部活の主人公は生徒ですから。だから、部活変革のこのチャンスに、ぜひおとなたちに生徒のホンネの声を聞かせてあげてください。今は部活を変えるチャンスです。

さて、部活を変えようとする試みは、やり過ぎの防止だけではありません。専門的な知識や技術をもつ人を、指導者として招く試みも行われています。

二〇一七年三月に「学校教育法施行規則」という法律が改正されて、「部活動指導員」と

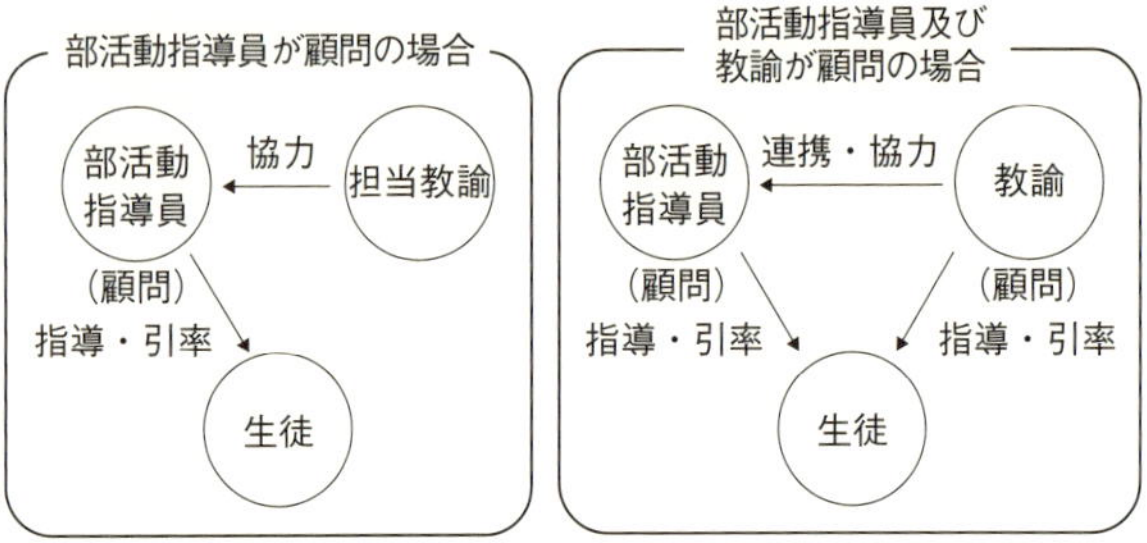

図 4-1　部活動指導員の役割(文部科学省 HP:http://www.mext.go.jp/prev_sports/comp/b_menu/shingi/giji/__icsFiles/afieldfile/2017/10/30/1397204_006.pdf をもとに作成)

いう新しい学校職員が設けられました。この部活動指導員は、先生(教員)ではないのですが、部活動を指導・運営したり、顧問になったり、大会やコンクールの引率もできます。

これまでにも、学校の先生ではないコーチ・大学生・保護者が「外部指導員」として部活の指導をしてくれることはありました。でも、外部指導員は、あくまで技術指導をサポートするだけで、正式な学校職員ではありません。だから顧問にはなれないし、部の運営や大会の引率を任せることもできませんでした。

そこで、「部活動指導員」がつくられました。正式な学校職員ですから、技術指導はもちろん、顧問になったり、部の運営や大会引率も担うことができます(図4-1)。実際の数はまだまだ少ないですが、これからの活躍が期待されています。

　また大阪市では、部活の指導を外部の民間企業に委託するモデル事業を行っています。学校の先生は、必ずしもその活動の専門家とは限りません。そこで、サッカーや卓球や吹奏楽の「プロの指導者」にお金を払って来てもらうことにしました。

　ただ、いざモデル事業を始めてみると、お金がとてもかかることがわかりました。一つの部を一年間お願いすれば三〇〇万円、大阪市の全部の部活をお願いすれば、なんと七八億円かかる、という試算もあります。つい私たちは、「部活はタダ」と思い込んでいますが、きちんと指導料を払えば、とてもお金がかかるんです。

　他に、一つの学校で人数が足りない場合など、いくつかの学校の生徒がいっしょに活動する「合同部活動」の試みも広がっています。

　静岡県の磐田《いわた》市では、市が率先しながら公営スポーツ施設を使った合同部活動を進めています。複数の学校の中学生がいっしょに陸上やラグビーを楽しむ「磐田スポーツ部活」です。一つの学校だと人数が足りなくても、複数の学校の生徒が集まれば、部活として成り立つこともあります。市の公的なバックアップもあるので、これなら安心して部活ができますね。

　兵庫県の神戸市は、「拠点校方式」と呼ばれる合同部活動の仕組みをつくりました。地域エリアに「拠点」を築いて、そこで合同で部活をするわけです。このおかげで、もし、ある学校で部活が廃止になったとしても、その地域エリアにある拠点校の部活に参加できます。部活への参加を、学校ごとに区切るのではなく、地域エリアで柔軟に捉えようとする試みです。

なんでやり過ぎはダメなの?

ガイドラインができた背景には、部活のやり過ぎという問題がありました。「やり過ぎはダメ」と言われると、部活を頑張っている生徒のなかには、戸惑う生徒もいるかもしれません。部活のやり過ぎが問題になり、規制が必要になった理由は二つあります。

一つは、生徒にとっての問題で、部活をやり過ぎて生徒がケガをしてしまったり、疲労が溜まって生活リズムが崩れてしまったりするからです。

学術的な研究では、スポーツへの参加時間が長ければ長いほど、ケガや障害が生じることが明らかになっています。目安としては、一週間にスポーツをする時間が週一六時間以上になると、とくにケガや障害の発生率が高いという研究成果もあるんです。

こうしたことから、国際的には青少年スポーツのやり過ぎはダメ、とされています。たとえば、国際オリンピック委員会は『エリートのジュニアアスリートに対する声明』で、ジュニアアスリートの練習量を制限し、楽しく満足して活動できるようにすることを提言しています(原文を読んでみたい人は、〝IOC Consensus Statement on Training the Elite Child Athlete〟で検索してみよう)。

文化部でもケガや障害の事故は多いので注意が必要です。吹奏楽部では、打楽器を叩きすぎると腱鞘炎《けんしょうえん》になったり、管楽器を演奏し過ぎると顎関節症《がくかんせつしょう》になったりします。美術部で作品づくりに夢中になりすぎて、同じ姿勢で居続けると腰痛に悩まされることもあります。演劇部も、練習が重なり疲労が溜まるとケガにつながります。

だから、運動部でも文化部でも、部活のやり過ぎは生徒にとって問題なのです。

もう一つは、教師にとっての問題で、部活をやり過ぎて教師が多忙で振り回されて、授業やその他の仕事に支障が出てきてしまうからです。

1章で解説したように、部活の顧問を務める先生のなかには、部活の指導がうまくいかず悩んでいたり、それでも部活を任されて過労死しそうになっている先生もいます。だから部活のやり過ぎは先生にとっても問題です。

こんな風に先生が悩んでいることは、部活を思い切りやりたい生徒にとっても一大事です。なぜなら、部活を支えているのは先生なので、先生が倒れてしまえば部活も成り立たないからです。部活を守るためにも先生を守らなくてはなりません。

ダメなのにやり過ぎちゃうのはどうして？

では、部活をやり過ぎているのは誰でしょう？　タテマエでは部活は、やってもやらなくてもいい「自主的」な活動のはずでした。しかし、それだからこそ、生徒や先生が自分から部活をやり過ぎてしまったんです。

これは、一見すると奇妙に思えます。だって、生徒や先生がやりたいからやっている部活が、いつしか歯止めが利かなくなって、生徒自身や先生自身を苦しめることになってしまうのですから。

たしかに、部活にやる気十分の生徒はいますし、部活に生きがいを感じる先生もいます。そんな生徒や先生が「やりたいからやる！」と言うと、とてもすばらしく聞こえますね。ここまでは問題ありません。

でも、いつしか、意欲十分な生徒と先生の「やりたいからやる！」の声に押されて、そこまでやりたいとは思っていなかった生徒や先生も、部活に巻き込まれはじめました。嫌なら嫌と言いたいところですが、「やりたいからやる！」と言う生徒に対して、なかなか反対できません。だって「やりたいからやる！」ということは、「すばらしい」。だからこそ反対しづらいのです。

その結果、部活はずるずると肥大化してきました。嫌でも巻き込まれる生徒が増えてきました。「やりたいからやっている」はずが、「嫌でもやらなければならない」と強制される事態も生じてくるようになってきた……あれれ、だんだんおかしくなってきた。

いったん部活をやめてはいけない雰囲気ができてしまうと、本当はやめたいと思っている生徒も、やめるにやめられなくなってしまいます。勇気を出して「やめたい」と言ってみても、「部活をやめるなんておかしい、やめずに頑張れ」と説得されてしまったり、逆に「やりたいから部活やってんだろ。お前はやる気が無いのか？　情けない！」と怒られてしまったり……うーん、なんだか変です。

こうして部活は、全体として、生徒がホンネで望む以上に肥大化して、やり過ぎ状態になってしまいました。1章で解説したように、生徒にとっての部活時間・日数の理想と現実のデータを見てみると、理想よりも現実は長くて多かった。部活のやり過ぎに生徒のみなさんも困っていたのです。

どんなにやりたいことでも、やり過ぎると苦しくなるし、たまには休みたいと思うのが普通です。だから生徒自身がホンネで、どれくらい部活をやりたいかを決めることが大切です。そもそも、そうしたホンネの語り合いができていれば、やり過ぎなんて起きるはずもなく、ほどほどに楽しむ程度で部活は行われていたはずです。

今の部活はやり過ぎ状態でパンクしそう。だから外側から多少強引であっても、部活を規制する必要が出てきたんです。部活のやり過ぎをいったんリセットして、みんながハッピーになれる部活のあり方をつくり直さねばなりません。

長野発、広がる朝練禁止

繰り返しになりますが、国のガイドラインでは、週二日の休養日設定や、一日の活動時間を二時間程度にすることなどを求めました。これらは、部活のやり過ぎを予防する最低ラインです。地域によっては、それ以上に踏み込んで、やり過ぎを是正《ぜせい》しようとする試みもあります。

長野県では、始業前に活動を行ういわゆる「朝練」を規制する取り組みを行っています。それまで、多くの部活で当たり前のように行われていた朝練でしたが、その朝練に参加する生徒を調査してみると、睡眠不足や授業への悪影響があったんです。

そこで二〇一四年に長野県教育委員会は、「長野県中学生期のスポーツ活動指針」をつくり、そのなかで朝練の原則禁止を提言しました。朝練を禁止する理由は三つ。
①スポーツ傷害の危惧（ウォーミングアップやクーリングダウンが十分にできない）
②健康面への影響（朝食から昼食までの間隔が空きすぎる）
③効果的な活動（放課後にまとめて活動した方が効率的）
こうして長野県は、朝練を禁止しました。ただし、事前に行ったパブリックコメントで反対意見をもつ人もいました。そこで、日没が早く放課後の活動時間が確保できない冬シーズンは朝練を例外的に認めるなどの工夫もしています。

朝練禁止は、長野県に続いて、今は宮城県、茨城県、群馬県、福井県、滋賀県、徳島県など各地の教育委員会も提言するなど、広がりを見せています。

では、こうした提言によって、本当に朝練は無くなったのでしょうか。

再び長野県を見てみると、提言前の二〇一三年度には、九六・三％の中学校が朝練を行っていました。提言後の二〇一五年度になると、「原則朝練を行わない」と答える中学校は七九・一％になりました。この数字の変化を見ると、朝練禁止が実現しはじめたように見えます。

でも実は、朝練禁止になっている学校でも、「自主活動」として事実上、早朝の部活が続いていたりすることがあるのです。「自主活動」といっても、部員がみんな参加して顧問が指導して、ふだんと変わらない部活です。

しかし、その学校は、それを正式な部活とは見なさないことで、「原則朝練は行っていない」と教育委員会に回答していました。「自主活動」というあいまいな言葉で、巧妙に規制をくぐり抜けているわけです。

生徒の健康や安全を守るために部活を規制しようとしても、こうした抜け道があると効果が上がりません。それどころか、正式な部活かどうかをはっきりさせないで、あいまいに活動を続けていると、ケガが起きた時に適切な保障ができないなど、問題も生じてしまいます。

提言を守って部活の規制を実現できるかどうかは、現場の理解にかかっています。

夏休み、部活やめるってよ

夏休みは、部活がもっとも盛り上がる季節です。授業は無いので、朝から夕方まで丸一日、部活漬けということもあるでしょう。泊まりがけの合宿を組んで、集中的にトレーニングを計画する部活もあったりしますね。

とくに八月は、スポーツ大会やコンクールがたくさんあります。

中学生なら、日本中学校体育連盟(中体連)の全国中学校体育大会(全中)や、全国中学校文化連盟(中文連)の全国中学校総合文化祭(総文祭)があります。高校生なら、全国高等学校体育連盟(高体連)の全国高等学校総合体育大会(インターハイ)や、日本高等学校野球連盟(高野連)の全国高等学校野球選手権大会(夏の甲子園)、全国高等学校文化連盟(高文連)の全国高等学校総合文化祭がありますね。

ただ、部活が盛り上がる夏休みは、部活のやり過ぎも問題になる時期です。夏休みのはずが、部活ばかりで休めない。それは良くないので、部活はほどほどにして、生徒も先生も、きちんと休むべきではないか。

そうした考えから、二〇一八年八月、新潟県加茂市で前代未聞の取り組みが実施されました——夏休み部活禁止。

ええ——!!　夏休みに部活やったらダメなの!?　これには日本中が驚きました(さすがに私たち筆者二人もびっくり仰天)。

加茂市は、部活で生徒も先生も疲れていることを問題視して、「長期休みは、原則、部活を休止」する方針を立てました。細かく言うと、夏休みは二日だけ、春・冬休みは一日だけの活動を認めています。ただ、家族旅行や家の手伝いなどがある場合は行わず、教職員は少なくとも七日間連続で夏季休暇を取ることにしています。

そして実際に、加茂市の公立中学校で、夏休みの部活が中止になりました。現場にとっては、いろいろ活動予定を立てていたなかでの、急な変更でした。生徒と先生のための取り組みのはずでしたが、市が一方的に強引に進めてしまったため、現場は混乱してしまいました。

「活動日が足りない」「部活が少ないのは悲しい」と不満に思う生徒が出てきました。なかには、学校外の陸上競技場で自主練習する陸上部員や、家に楽器を持ち帰って一人で練習する吹奏楽部員もいました。そうした生徒も、「一人だとうまくできない」「みんなでした方がやる気が出るのに」と残念に思ったようです。

この夏休み部活禁止の試みは、たしかに部活改革に一石を投じた意義はありました。しかし、その進め方に問題があったため、生徒のためと言いながら、一部の生徒から反感を招く結果になってしまいました。それに先生や保護者の理解を十分に得られなかったことも、残念でした。

部活改革は、生徒を含めた多くの関係者の理解を得られるよう、丁寧に説明しながら行われるべきです。夏休み部活禁止なんて大きな部活改革なら、パブリックコメントを実施して多くの人の意見を拾い上げたり、先生たちの考えとすり合わせる努力をしたり、生徒・保護者向けの説明会などを開いたりすることも必要でしょう。

「平日開催の大会には出ない」宣言

部活のあり方を反省する、こんなエピソードもあります。

二〇一八年の中学校ラグビー大会の話です。例年通り、春から各都道府県で大会が始まり、その結果でブロック大会に進む上位校が決まっていきました。神奈川県大会では、慶應義塾普通部(以下、慶應普通部)が神奈川二位となり、見事、関東大会への出場権を得ました。ラグビー部員たちは、はりきっていたはずですが、ここで問題が起きました。

この関東大会の一回戦が実施されるのが、二〇一八年六月八日の金曜日、つまり平日だったのです。

むむ、平日はもちろん授業があります。授業に出れば、大会に出られません。どちらを優先すべきか……当然ながら(残念ながら?)、生徒は授業を受けねばなりませんね。

慶應普通部も、学校の考えとして、部活より授業を優先すると判断しました。慶應普通部ラグビー部は大会参加を辞退しました。

だから、せっかく県大会を勝ち抜いたものの、関東大会は不戦敗で、一回戦敗退となってしまいました。ちなみに、翌日の土曜日には、一回戦の敗者同士の試合があったため、そちらには参加しました。

どうしてこんなことになってしまったのでしょうか。主催者は、競技会場が確保できなかったため、異例の平日開催を余儀なくされたと説明しています。これまでは土日に開催してきたようですが、二〇一九年のラグビー・ワールドカップに向けた施設の改修や準備のため、うまく会場が確保できなかったようです。

生徒がかわいそうな話だと思います。ワールドカップも大切かもしれませんが、せっかく一生懸命頑張ってきた生徒の参加機会を奪ってしまったんですから。事前の調整がうまくできなかったのかと悔やまれます。

国家的なビッグ・イベントに左右されない部活のあり方を考えるべきです。この件に限らず、二〇二〇年の東京オリンピック・パラリンピック大会もあることだし、いろんな種目でこうした事態が生じてしまうかもしれません。

慶應普通部の話に戻ると、「授業優先で、平日開催の大会には出ない」と考えた判断は正しいと思います。おそらく、なかには「授業をサボってでも大会に出たかった」と思った部員もいたでしょう。気持ちはとってもわかります。

しかし、やはり授業優先は守らなくてはなりません。生徒の本務は学業だからです。やるべきことをやってから、部活に励んでほしい。厳しい言い方ですが、部活はやるべきことをやった後の「おまけ」です。

ただ、生徒に非はありません。だって大会が平日開催になったのは「おとなの事情」ですから。だからこそ、生徒の思いを裏切らないよう、おとなには反省してもらわなくてはなりません。

楽しみ至上主義

では、そもそもおとなは仕事以外の時間には、どのような活動をしているのでしょう?

平日の夕方以降でいえば、夜遅くまで残業する人がいるいっぽうで、五時には仕事を終えて保育園に自分の子どもを迎えに行くおとなもいる。職場の仲間たちとお酒を飲みに居酒屋に入るおとなもいます。

中学校や高校の部活と同じようなスポーツ・文化活動でいうと、おとなは勤務後や土日に、たとえばフットサルやジョギング、テニス、登山などの運動をしたり、合唱や合奏、絵画、将棋などの文化活動に取り組んだりしています。

ただし、そこで疲れ切ってしまっては、仕事に支障が生じます。だから、おとなは、ほどほどにコントロールして楽しんでいます。おとなのスポーツ・文化活動は多くの場合、趣味や気晴らしのようなものです。そこで心身ともにリフレッシュして、仕事もまた調子よくこなしていくことができるということです。

おとなの活動というのは、とても興味深いです。なぜなら、仮に試合やコンクールがあったところで、勝った時はもちろんのこと、負けた時でさえ、みんなが楽しそうに夕食の席をともにしています。

ここで強調しておきたいことがあります。私たち筆者は、過熱して勝利至上主義に染まった活動は問題視していますが、勝負することや試合・コンクールに参加することを否定しているわけではありません。お互いに競い合ってこそ、活動は楽しくなるものです。のんびりと休日に将棋をする時でさえ、勝ち負けが決まらないとおもしろくないでしょう。

ただし、勝つことを最優先の到達目標にしてしまうと、ブレーキがかからなくなります。そして、趣味や気晴らしであったはずの活動が、次第に強制的でしんどい活動に化けてしまいます。これでは肝心の仕事に悪影響が出てしまいますから、おとなの場合には、勝つことよりもみんなで時間と場を共有する「楽しみ至上主義」の活動が好まれるのです。

こんなふうに、おとなたちはちゃっかりスポーツ・文化活動を楽しんでいます。これと同じようなことを、生徒のみなさんにも提供すればよいだけのことです。

ドッジボール、なわとび、オセロ、折り紙……

実はみなさんも、小学生だった時には、学校で大人のスポーツ・文化活動とよく似た経験をしています。四年生から六年生までの間、「クラブ活動」と呼ばれる授業が時間割のなかにあったことをおぼえていますか？　おそらく月に一〜二回くらいのペースで開かれていたはずです。

クラブ活動では、たくさんの種類の活動が用意されています。学校によって大きく異なりますが、たとえば、ドッジボール、なわとび、ダンス、料理、オセロ、トランプ、手話、折り紙、手芸、読書などなど、まだまだたくさんの活動があります。クラブ名を見るだけでも、ワクワクしてきます。実際に、みなさんが経験したクラブ活動の授業も、そんなに厳しいものではなく、とてもゆるく楽しい活動だったことでしょう。

さて文部科学省の「学習指導要領」（二〇一七年三月告示）には、クラブ活動の目標がつぎのように記載されています。

異年齢の児童同士で協力し、共通の興味・関心を追求する集団活動の計画を立てて運営することに自主的、実践的に取り組むことを通して、個性の伸長を図りながら、第一の目標に掲げる資質・能力を育成することを目指す。
(「小学校学習指導要領」一七〇頁。文中の「第一の目標に掲げる資質・能力」というのは、具体的には、①他者との協働、②課題解決のための合意形成、③集団における人間関係と自己実現、を指します)。

まず注目すべきは、クラブ活動というのは、「異年齢の児童同士で協力」するという点です。実際に、各クラブ活動では、一つの学年ではなく、四年生~六年生がいっしょになって活動したことでしょう。

そして「共通の興味・関心を追求する集団活動」ですよね。ドッジボールであれ料理であれ、みなさんは共通の興味・関心のもとに、そのクラブ活動に参加しました。それは、学習内容が細かく定められている教科の授業とは異なって、「自主的、実践的に取り組む」活動です。

共通の興味・関心のもとに学年をまたいでみんなが集まり、自主性を尊重しながら取り組んでいく。まるで部活とそっくりですよね。じつは元来、このクラブ活動と部活というのは同じものでした。2章でもふれましたが、実際に地域によっては、部活のことを名称の上では「クラブ」と呼んでいるところもあるくらいです。ただ元来同じものだったけれどもそれが、紆余曲折を経ながら、教育課程の内(＝クラブ活動)と外(＝部活)に分離されていったのです。

ちなみに、基本的にはクラブ活動では、運動系よりも文化系クラブの方が多く用意されています。部活では運動部の方が圧倒的に盛んですよね。なぜクラブ活動では文化系クラブの方が盛んなのでしょう?

その答えも、教育課程内か教育課程外かということに関わってきます。1章でも述べたように、部活はやってもやらなくてもいい活動。だから、たとえば活動場所も不十分ですし、運動部では顧問の先生のおよそ半数がその競技種目が未経験だったりするわけです。

でもクラブ活動は授業です。だから、活動場所がなくては何もできません。となると、体育館やグラウンド以外の場所として、たくさんある教室を活用するしかない。だから、文化系クラブ活動が多くなります。あとは、オセロであれ読書であれ、教室で先生が指導できそうな活動をみなさんに提供すればよいわけです。

こんなふうに小学校では、スポーツや文化活動を無理なく楽しむという仕組みが用意されているのですが、中学校になると急にそれがなくなって、勝ち負けにこだわった部活が待っています。練習は厳しくなります。それが高校まで続きます。高校を卒業すると、大学生やおとなのスポーツ・文化活動は、再びゆるくなっていきます。

ゆるい部活

みなさん、「ゆる部活」って知っていますか？　その名のとおり、活動の中身がとてもゆるい部活です。

たとえば、東京都世田谷区立の船橋希望中学校には、「軽運動部」と呼ばれる部活があります。活動は月に二〜三回で、午後四時からたったの一時間だけの活動です。ボールを使ったトレーニングやダンスなどメニューはさまざまで、他の部活との掛け持ちも可能とのことです。

また、同じく世田谷区立の東深沢中学校には、「体力向上部」という部活が設置されています。朝に実施されていて、平日の四日間、午前七時一五分から四五分間、校庭でボールを蹴ったり、ジョギングしたりします。部員は約六〇名。校内で最大規模ということで、人気の部活のようです。他の運動部や文化部に所属している生徒もいます。

こうした「ゆる部活」は、まさに楽しむことを重視しているもので、今後全国に広がっていくかもしれません。

ただし気をつけなければならないことがあります。ゆる部活は全般的に、参加するかしないかも自分で判断します。そのこと自体は問題ないのですが、ふだんは過酷な部活をやって、さらにプラスアルファでゆる部活をやってしまっては、身体を壊してしまいます。ゆる部活を、どのように自分のために活用していくのか。そういったことを自分で考えていくこともまた、部活の魅力の一つです(ゆる部活に関する情報は、『朝日新聞』東京夕刊(二〇一八年一一月二四日付)、テレビ朝日「スーパーJチャンネル」(二〇一八年一二月二一日)、『東京新聞』夕刊(二〇一八年三月二六日付)を参照しました)。

ところで、東深沢中学校の取り組みは、スポーツ庁のウェブ広報マガジン「DEPORTARE(デポルターレ)」にも「〝勝つ〟ことがすべてじゃない!　多様なニーズに応えるイマドキの部活動『ゆる部活』をレポート」という記事のなかで、紹介されています。

強くなりたい子、技術を向上したい子、勝ち上がって全国大会を目指したい子がいる一方で、そこまでストイックには取組めないけれど、気軽に楽しめるなら身体を動かしたいと思っている子も多くいます。運動の得意・不得意にかかわらず、子供たちが楽しめる「居場所」としての部活の需要は、非常に大きいのです。

（『DEPORTARE』二〇一八年一一月一五日付）

スポーツ庁も、勝利至上主義ではなく、楽しみ至上主義としての部活の意義を強調しています。大会やコンクールに出場することも大事ですが、現在の部活は大会・コンクールを中心にまわってしまっています。そうではなく、小学校やおとなの世界にある楽しむことに重点を置いたスポーツ・文化活動を、中学校や高校にも取り入れる必要があるのです。

ちなみに、「DEPORTARE（デポルターレ）」という言葉を見て、ピンと来た読者はいらっしゃるでしょうか。この言葉、実はすでに3章で登場しています。そのときは、小文字で表記しました。〝deportare〟とは、「気晴らしをする」という意味でしたよね。スポーツ庁がこうしたウェブ広報マガジンを刊行していること自体が、とても興味深いことです。

部活がダメなら地域があるさ

部活のあり方を根本から見直すなら、そもそも学校の部活じゃなくてもいいのでは？ とも思えてきます。そう、スポーツや文化活動を楽しむ場所は、学校外の地域にもありますよね。みなさんには、地域のスポーツクラブや習い事教室に通うという選択肢もあるんです。やりたいことをやる、という原点に戻ってみると、どこでどんな風にするかは自由に選んでよいはずです。部活じゃなくても地域があるさ、と視野を広げてみてはどうでしょう。

駅前の音楽教室の評判が良いみたいとか、隣町の卓球クラブの指導者がすごいらしいとか、近所の幼なじみが通っているボランティアサークルがおもしろそうとか。部活以外にも、魅力的な場所が身近にあるかもしれません。ぜひ見つけてみてください。

スポーツの世界では、トップアスリートの養成は、学校の部活よりも地域クラブの方が活発という種目もあります。昔からスイミングスクールは一流水泳選手を育てていますし、最近ではJリーグのユースチームが、一流サッカー選手の登竜門《とうりゅうもん》になりつつあります。

ただし一般的に、地域のクラブや教室は、入会費や活動費がかかります。また活動場所も遠方になるなら、そこに通うための移動手段も考えなくてはなりません。いずれにしろ、気になる地域クラブや教室を見つけたら、家族に相談して、無理なく参加できそうか考えてみましょう。

このように部活か地域かを選べるようにするためにも、「部活には生徒全員が強制加入」みたいなルールはやめた方がいいですね。部活をするのももちろんいいけど、同時に、地域で何かに取り組む自由も認めるべきです。あ、忘れちゃいけなかった、何もしないでのんびり過ごす自由も認めてあげてください。

部活を地域に開く

他方で、学校の部活を、地域に移そうとする改革も行われています。

たとえば、岐阜県多治見市では、学校管理下の部活を平日の下校時刻までにして、それ以降や休日の活動は保護者による「クラブ」として活動することにしました。どちらも学校施設を使っているし、生徒は同じように活動しているのですが、形式上は、部活と「クラブ」は別物とされています。

この場合、どんなメリットがあるでしょう。「クラブ」になると、学校外から専門的な指導者を「外部監督」として迎えることもできます。なので、教師の負担が軽減できたり、生徒がハイレベルな指導を受けられたり、と良いことがあります。

でも、デメリットもあります。まずは教師の代わりに指導をしてくれる「外部監督」を探さなくてはなりません。平日の放課後や休日に時間が取れて、ハイレベルな指導力や知識をもっていて、そして高い謝礼は払えないけれど引き受けてくれる……そんな都合の良い人を探すのは大変ですね。

またケガをした時の補償は、部活で使っている学校保険(国の災害共済給付制度)が使えなくなります。なので、別途、民間の傷害保険(スポーツ安全協会の保険など)に加入する必要があります。わざわざ手続きをして、お金もかかる。部活を地域に移すのは、なかなか課題も多いです。

それでも部活を地域に開いていく試みは、それまでに無かった可能性も生み出します。たとえば、部活が地域に開かれると、地域社会の活性化につながるかもしれません。

とくに期待されるのは、文化部の活躍です。商店街のポスター作成に美術部が活躍したり、駅前コンサートに吹奏楽部が出演したり、自治体のスポーツ大会や神社のお祭りで、放送部がアナウンサーや裏方スタッフで支えたり。なんだかワクワクしてきませんか?

部活が一歩学校の外に出れば、地域のお役に立てることがたくさんあります。部活の部員が地域で活躍すれば、今まで以上に喜んでくれたり応援してくれたりする人が増えるでしょう。

部活改革を応援してくれるスター選手たち

みんなが憧れるスター選手も、「部活を変えていくべきだ」と応援してくれています。

プロ野球の筒香嘉智《つつごうよしとも》選手（横浜ＤｅＮＡベイスターズ所属）は、野球部について、目先の勝利を求めるだけでなく、子どもの将来を見すえたあり方へ変えるよう提言しています。とくに高校野球で問題になっている勝利至上主義や過密日程を心配して、ルールで球数制限や練習時間を決めるべきだ、と二〇一九年一月二五日に、日本外国特派員協会で記者会見を行い、強く訴えました。

野球一筋で頑張って、高校時代には甲子園でも活躍した筒香選手が言うのですから、納得してしまいます。やっぱり部活のやり過ぎは良くない。

それでも、「部活は頑張らなきゃいけない気がする」「無理にでも頑張らないとサボっているようでダメな気がする」と不安に思いますか？

そんなあなたに向けて、アメリカの大リーグで活躍するダルビッシュ有選手（現在、シカゴ・カブス所属)は、「頑張りすぎないで」とメッセージをくれています。ご紹介しましょう。

「頑張り過ぎなくていいんです、日本の球児は。何百球の投げ込みとか、何千本の素振りとか、そんなのを頑張っちゃダメなんです。」

「ほとんどの強豪校では、基本的に監督という絶対的な存在がいて、監督が右と言えば右です。そういう社会では言われた通り、怒られないようにやるのが一番になってしまい、考える力がつかない。僕は高校時代、そういう固定観念に縛られなかったので、誰の色にも染まらなかったし、考えて行動する力が身についたと思っています。」

「いまだに冬に一〇〇日、夏に五日の一五日程度しか休まないような野球部が珍しくないでしょう。僕が監督なら週二回は休むし、全体練習も三時間で十分。そのくらいの方が成長するのです。」

「だから、日本の高校生は「頑張らない!」で、ちょうどいい。もちろん、頑張るところと頑張らないところを自分で見分けられるように、情報や知識を得る努力は必要ですが。」

(『朝日新聞』二〇一八年一月六日付より)

高校野球だけではなく、文化部も含めた多くの部活にあてはまるメッセージだと思います。頑張りすぎず、肩の力を抜いて、部活のあり方を見直してみましょう。

もう一人、意外な「スター選手」の武井壮さんのメッセージも紹介しましょう。

武井さんは、「百獣の王」の異名で活躍するタレントです。実は武井さん、中学で野球、高校でボクシング、大学時代に短距離走といろいろなスポーツを経験しています。さらに十種競技にも挑戦して日本選手権で優勝した、という経歴をもつ「スター選手」でもあります。

そんな武井さんは、部活のいじめや上下関係の問題を解決するために、ツイッターでこんな考えを披露してくれました。

「体育会系の部活なんかで上級生が下級生に雑用させたりするのが慣習だけど、逆にしたらすごい人間性育つと思うわ。上級生が水汲みしてあげたり、道具の片付けしたりすれば後輩は先輩をより尊敬できて、先輩は社会に出る準備もできるし思いやりを持てる。」

(https://twitter.com/sosotakei/status/834196935347048449(2017年2月21日))

たしかにその通りです。また、同じ日に、武井さんは「強い人は守る、豊かな人は支える、偉い人は思いやる、全ての人が感謝できる。そんな世の中になったら日本はもっと素晴らしい。（後略）」(https://twitter.com/sosotakei/status/834199594942631936（2017年2月21日））、こんなこともつぶやいてくれました。

うん、よいこと言いますね！「上級生が雑用する」という逆転発想のアイディアは、本書の2章でも提案しました。でも、私たち研究者が言うより説得的ですね。さすがは「百獣の王」。

実際に、帝京大学ラグビー部、京都大学アメフト部、明治大学ラグビー部などは、上級生が雑用をしています。そして、どこも強い。すばらしい模範として見習いたいですね。

部活改革は大変だし不安なこともあるでしょう。でも、スター選手たちは応援してくれています。だから、勇気をもって、部活をより良い方向へ変えてみてください。

「休まないで勝つ」から「休んでも勝てます」へ

「部活をやり過ぎないようにしましょう」「しっかりたっぷり休みましょう」と言うと、

「休んだら負けちゃうよ」「勝つために休んじゃダメ」と思う生徒もいるでしょう。あるいは、指導者自身が古い考え方をもっていて、「休みなんていらない」「休まないで勝つんだ」と思い込んでいるかもしれません。

では、休んでも勝てる、というとっておきのお話しをしましょう。

静岡聖光学院のラグビー部は、練習が週三回だけ、それぞれの活動時間が最大九〇分です。たったそれだけ？ 強くなれないでしょ？ と思いきや、短時間で効率的に練習し、生徒が主体的に参加することで、メキメキ競技力をあげて、花園で開かれる全国大会に出場しました。すごい！

でも、それで話は終わりません。このラグビー部は、自分たちのように「休んでも勝てる」方法と事例を全国に広げようと、二〇一八年九月に「全国短時間・主体性部活動サミット」の開催を呼びかけました。計画したのは、静岡聖光学院高等学校ラグビー部有志メンバーの生徒たちで、代表は三年生のキャプテンでした。なんと、生徒主導でサミットまで開催とは、めっちゃすごい！

このサミットでは、短時間・主体性練習で全国二連覇を成し遂げた、埼玉県の春日部市立豊野中学校バスケットボール部の取り組みや、短時間指導で生徒の主体性を引き出す「ボトムアップ指導」で、広島県立広島観音高校サッカー部を日本一に導いた畑喜美夫教諭(今は安芸南高等学校サッカー部監督)の指導方針などが紹介されました。

「休まないで勝つ」から「休んでも勝てます」へのコペルニクス的転回ですね。

どうして休んでるのに勝てるのか、不思議に思いますか？　でもスポーツ科学的には理に適っています。

スポーツ科学の基本ですが、身体の力は、適切な負荷がかけられた後、たっぷり休むことで超回復し、以前よりも力を増すことができるからです。とくにラグビー、バスケ、サッカー、野球など、技術や戦術だけではなく体力や筋力が求められる競技なら、いかに休養を取るかが勝負の鍵になります。

たとえば腕立て伏せを思い浮かべてください。少ない回数だと疲れることはなく、筋肉も付きません。たくさん回数をこなして、ああ苦しくなってきた、そろそろ限界だ……、と思う少し手前が、あなたにとってちょうどいい回数です。

少し間隔を取って、その回数を三セットほど行えば、胸や腕の筋肉がパンパンになって疲れるはず。つぎの日にはだるーく筋肉痛を感じるでしょう。この時、目には見えませんが、実は大胸筋や上腕二頭筋《じょうわんにとうきん》の細かい筋繊維《きんせんい》が切れたり傷んだりしているんです。

でも心配いりません。時間が経つにつれて、だんだんと切れた筋繊維が再びくっついて、傷んだ部分が回復していきます。しかも、今度は切れないように、より強く、より太く、より大きく筋肉が付きます。

つまり、ただ回復するだけではなくて、元の力を越えた力が手に入る。これを超回復のプロセスと言います(私たちおじさん世代は、『ドラゴンボール』(鳥山明、集英社)のサイヤ人が、倒れた後に復活するとめちゃめちゃ強くなる、というイメージを思い浮かべます。知ってます?)。

超回復するためには、しっかりとした休養(そして栄養も)が必要です。もし休まずにトレーニングを続けてしまうと、超回復するチャンスを逃すばかりか、傷んだ身体がさらにボロボロになり、ケガや障害を引き起こしてしまいます。

だから勝利を目指すためにこそ、休養にはスポーツ科学的な重要性がある、ということをよーく肝《きも》に銘《めい》じておいてください。「休んでも勝てる」と言いましたが、正確には「勝つためにに休む」と言い換えるべきですね。

生徒よ、部活改革を志せ

部活のあり方を変えていこうと、世の中が少しずつ動きはじめています。おとなたちが「生徒のため」にと動いているのですが、だったら生徒自身が「自分のため」に動き出してもいい。

さきほど紹介したようなサミット開催なんてことは難しいとしても、みなさんも、身の回りの部活の様子を調べたり考えたりするところからスタートしてはどうでしょうか。

実際に、部活を「研究」したり、「取材」したり、その成果を「発表」したりする生徒がいます。私(中澤)が関わった話を紹介しましょう。

ある日、大学の広報部経由という正式ルートで、「部活について調べている」という中学三年生が突撃取材を申し込んできました。中学の卒業研究で、自由にテーマを選んで調べる学習があり、「部活研究」に取り組もうと決めたようです。

中学生とは思えない肝っ玉のすわった行動力に感激したし、卒業できなきゃ大変だと思って、取材を受けました。何を知りたいの？　と尋ねると、その中学生は語り出しました。

「最近、部活で先生たちが大きな負担を感じているというニュースを見ました。先生たちの労働環境はどうなっているのでしょうか。これから部活をどうつくり直していけば良いのでしょうか」。

聞いてみたい！　入部が当然 このままでいい？

田中記者

ジュニアプレス

部活動「ブラック」見直そう

私たちジュニア記者を含め、中高生の多くが参加している部活動。近年、暴力や体罰、生徒や教師を長時間拘束する「ブラック部活」が問題となっています。部活動に詳しい早稲田大学准教授の中澤篤史さん(39)に、部活動の歴史やこれからのあり方について聞きました。

もともとは自発的に楽しむもの

■誕生は明治時代

今年、スポーツ庁は運動部の活動を週2日以上休みにすることなどを盛り込んだガイドライン(指針)をまとめ、運用を始めました。その背景には、同庁の調査で、週1日も休養日を設けていない中学校が全国で2割以上あるなどの実態があります。2012年には大阪市の高校で体罰を受けた運動部の生徒が自殺するなど、行き過ぎた指導も問題になっています。中澤さんは、「部活動の歴史を知り、そのあり方を改めて考えることで、現状を変えられるのでは」と話します。

日本の部活動の歴史は意外に長く、誕生したのは明治時代。まだ「帝大」と呼ばれていた東京大学で、欧米から最先端の技術や学問を学ぶために雇い入れた外国人教師がスポーツも日本に持ち込み、学生が行うようになったのが始まりだそうです。また、当時から、新聞部や弁論部など文化系の部活動もありました。

戦前は生徒が自発的に楽しむものだった部活動ですが、戦後は、生徒の自主性を育む教育活動として、半ば強制的に参加させられるようになりました。中澤さんは、「戦前と戦後で部活のあり方が変わった」と言います。さらに、部活動は非行に走る生徒を更生させる場にもなりました。現在は、中学生の9割、高校生の7割が何らかの部に入っているそうです。

日本の部活動は、外国と比べても独特です。中澤さんによると、欧米では部活動は日本と同様に学校で行われていますが、目的は生徒のレクリエーションだったり選手育成だったりすると聞き、日本の部活動とは違うことに驚きました。また、ドイツなど、学校より地域での活動がさかんな国もあると聞きました。

■余裕ある環境を

そもそも、部活動は本来ならば生徒が好きなことに打ち込めるはずのものです。ところが、現在は部活動があることや入部することが当たり前になり、「やりたいからやっている」という気持ちが薄れているのではないでしょうか」と中澤さん。そして、「生徒を部活動に強制的に参加させることをやめるべきだ。生徒が声を上げることができ、教師もそれを聞ける余裕がある環境を作ることが必要」と指摘します。

中澤さんは、生徒や教師、スポーツ関係者を対象に、各地で部活動に関する講演も行っているそうです。「部活がつらいならやめてもいい。その決断をすることも、将来いろんなことを自分で決める練習になります」と力を込めます。また、「生徒も、顧問の先生の家庭の事情や勤務環境について聞いてみるとよいのでは」と、私たちが今まで考えたことがなかったことも話してくれました。

部活動には、生徒が身近な場で安心してスポーツや文化活動を楽しめるという利点があります。自分の好きなことを部活動で行える環境にあることに感謝しながら、また違う見方で部活動を考え、生徒の立場からよりよい活動ができるよう声を出していかなければいけないと思いました。

研究室で中澤さん(左)に話を聞くジュニア記者

◆中学・高校生の運動部活動への加入率(%)

	1955	64	77	87	96	2001	17年
中学校	46.0	45.1	60.9	66.8	73.9	73.0	72.5
高校	33.8	31.3	38.8	40.8	49.0	52.1	54.5

※中澤篤史著「そろそろ、部活のこれからを話しませんか」から。2017年についてはスポーツ庁の2017年度「運動部活動等に関する実態調査」より算定

中高生記者たちに部活について取材される筆者(中澤)(『読売新聞』(夕刊)2018年12月1日の紙面より)

エラい！　子どもといって、侮ることなんてできませんね。私はじっくり部活事情を解説しました。この生徒は、私以外の研究者にもいろいろ話を聞いて、自由研究を「働きすぎの日本——部活顧問の観点から考える」というタイトルで完成させました。学校の優秀研究にも選ばれたようです。

　新聞記者に扮《ふん》した中学生・高校生に、公式の新聞取材を受けたこともあります。読売新聞社に現役中高校生が「記者」になって、子ども目線で興味のあるテーマを取材して記事を書く「ジュニアプレス」という部署があります。

「記者」になった中高生四名が、研究

室に来ました。企画を立てた中学二年生の記者さんが、「部活がおかしい。入部が当然って、それでいいの？」と質問をくれました。私は「そんなのおかしいよね」と返事をしながら、「じゃあどう考えればいいかな」といっしょに話し合いました。さて、生徒自身が書いた記事は、こんな結論になったみたい。

「部活動には、生徒が身近な場で安心してスポーツや文化活動を楽しめるという利点があります。自分の好きなことを部活動で行える環境にあることに感謝しながら、また違う見方で部活動を考え、生徒の立場からよりよい活動ができるよう声を出していかなければいけないと思いました」

（ジュニアプレス「部活動「ブラック」見直そう」『読売新聞』二〇一八年一二月一日付夕刊）

まだあります。全国新聞の掲載はなかなか手が届かないとしても、もっと身近に生徒が自分で取材し発表する方法がありますよね。そう、部活の新聞部がつくる学校新聞です。

静岡県立沼津東高校新聞部は、社会問題になっている部活の動向を他人事ではなく、「我が校の部活問題」として引き取って調べはじめました。静岡県で出された部活動ガイドラインに目を通して、作成した教育委員会の担当者に取材しました。

では、「ウチの学校ではどうなっているのか？」と、校長先生にもインタビューして、校

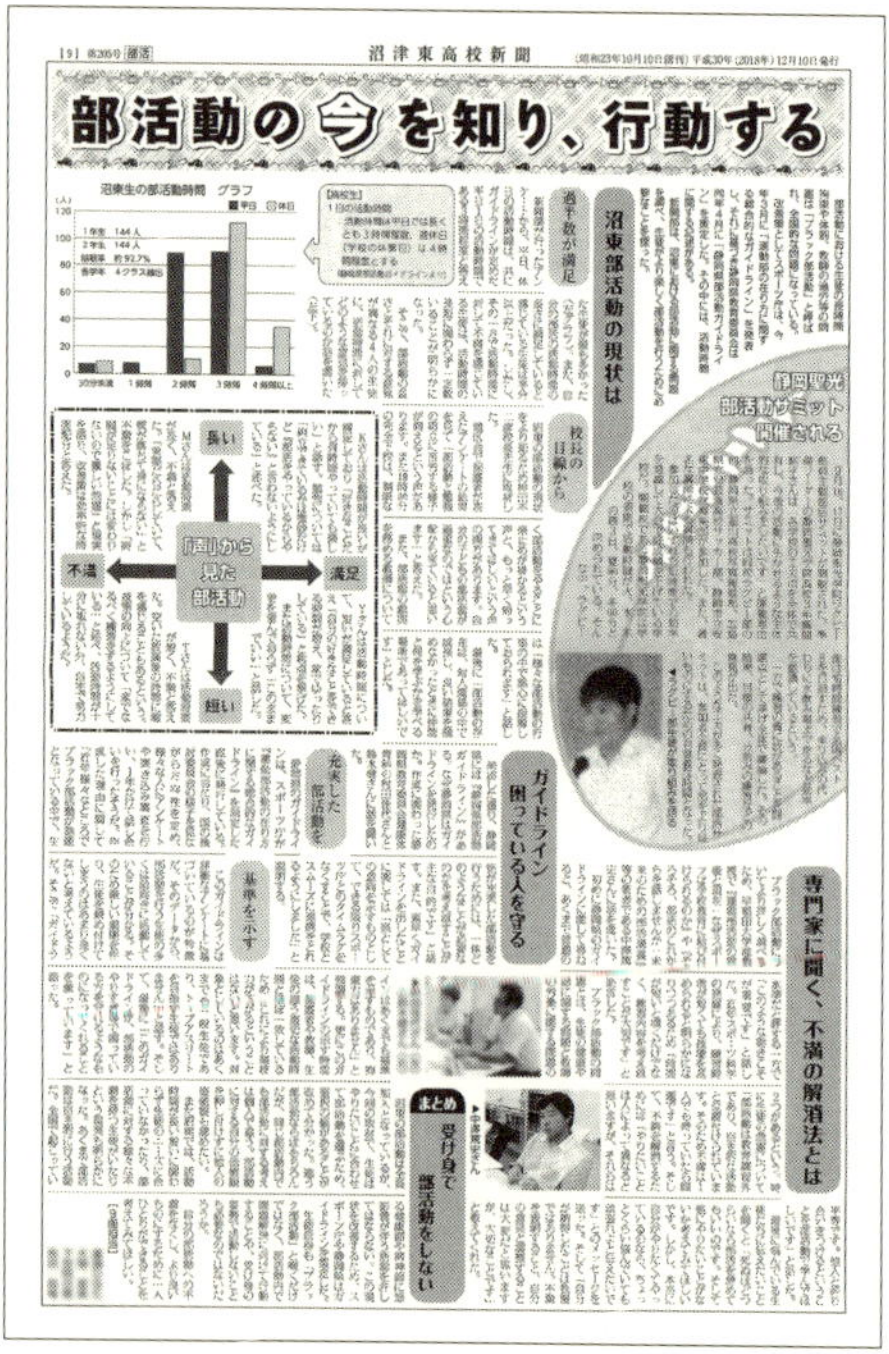
沼津東高校新聞

部活動の今を知り、行動する

沼津東部活動の現状は

校長の目線から

静岡聖光 部活動サミット 開催される

専門家に聞く、不満の解消法とは

ガイドライン 困っている人を守る

充実した部活動を

基準を示す

まとめ 受け身で部活動をしない

『沼津東高校新聞』(2018年12月10日発行)(協力：静岡県立沼津東高等学校新聞部)

長先生が部活の意義や課題をどう考えているのかを聞き取りました。

さらに、生徒対象のアンケート調査も実施して、実際の活動時間を調べて、生徒自身が部活に満足しているかを尋ねました。すると、部活が「長い」と思っている生徒がいれば、逆に「短い」と思っている生徒もいること、部活に「満足」と答える生徒がいれば、「不満足」と答える生徒もいることがわかりました(ちなみに、静岡の高校新聞部ですから、同じ静岡で開かれたさきほどの「サミット」も漏れなく取材しています)。

私は少しだけ取材協力しましたが、「部活動の今を知り、行動する」と題してできあがった新聞記事は圧巻のクオリティ！　まとめ部分もしっかりしています。


「生徒自身も『ブラック部活動』と嘆くだけではなく、部活動内で問題解決に向けて行動することや、受け身の姿勢で活動しないことも必要なのではないだろうか。

自分の部活動への不満をなくし、より良いものにするために一人ひとりができることを考えてみてほしい。」

(『沼津東高校新聞』二〇一八年一二月一〇日付)

すばらしいまとめ。取材に協力して良かった〜と心底、思います。

どこの学校にも、目の前の部活のあり方に疑問をもつ生徒や、部活をおもしろくするアイディアをもった生徒が必ずいるはずです。そんな生徒たちに本書は呼びかけます——今こそ部活改革を志せ！

終章

みんながハッピーな部活を目指して

新しい時代がやってきた

部活の改革はまだ始まったばかり。でも、少しずつその成果が見え始めています。運動部に限ったデータですが、全国的に部活の活動時間が縮小傾向にあることが明らかとなりました。

みなさんは、小学校や中学校に在籍中に、「体力テスト」(正式には「全国体力・運動能力、運動習慣等調査」)を受けたことがあるでしょう。この調査では二〇一六年度より、公立中学校二年生の運動部員における、都道府県別の活動時間数が明らかにされています(図終-1)。

まず二〇一八年度における各都道府県別の具体的な活動時間数を見てみましょう。図終-1に示したとおり、都道府県によって大きな差が確認できます。

続いて図終-2と3をご覧ください。図終-2が二〇一六~一七年度にかけての増減で、図終-3が最新の二〇一七~一八年度にかけての増減を示しています。グレーが減少で、黒色が増加をあらわしています。増減量を見た目で比較できるように、両方の図において、横軸(活動時間数)の目盛りの幅を同一にしました。

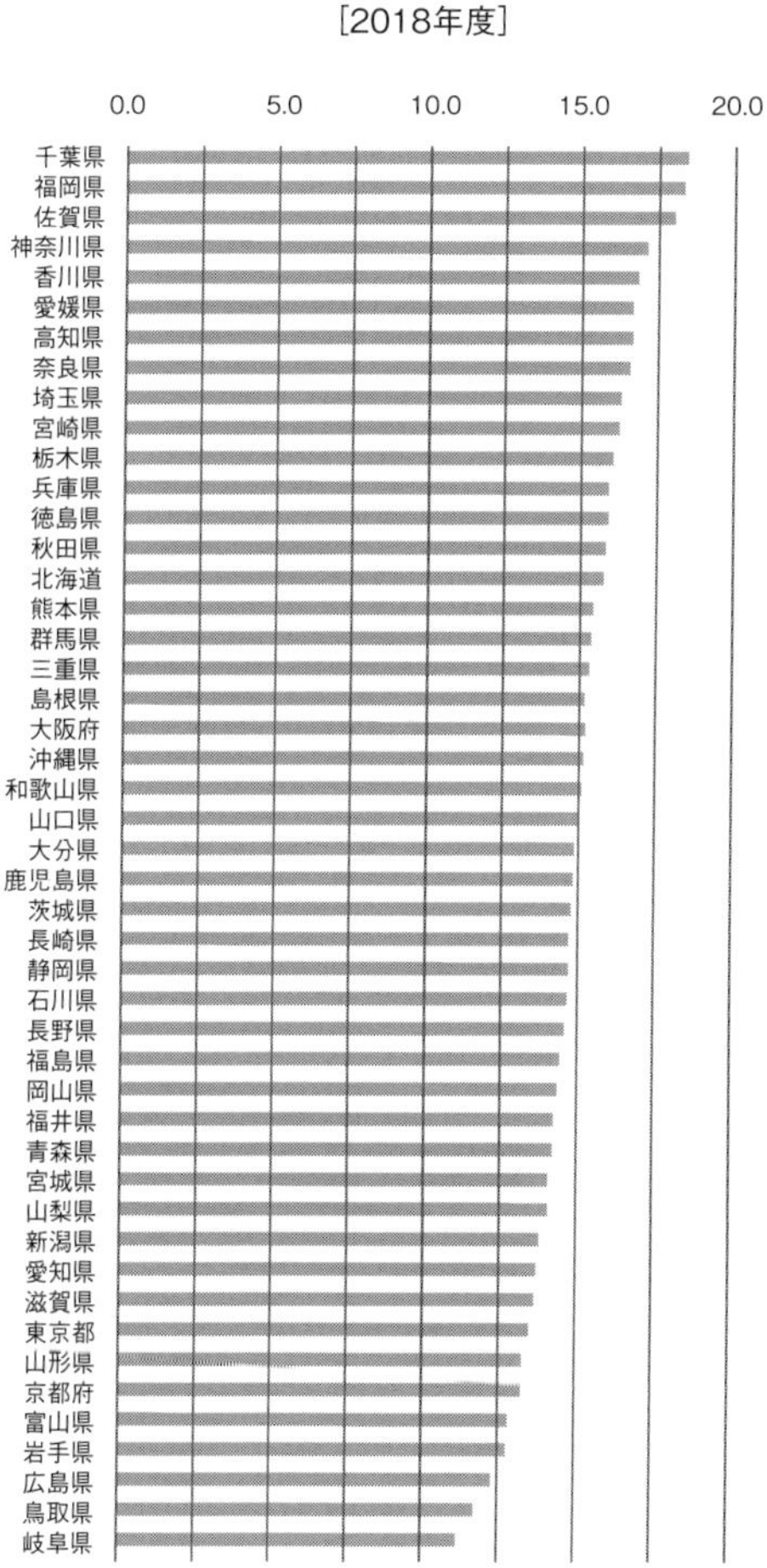

図終-1　都道県別の 1週間における部活動の時間(時間)（スポーツ省『全国体力・運動能力、運動習慣等調査結果』の2018年度の結果をもとに筆者が作図）

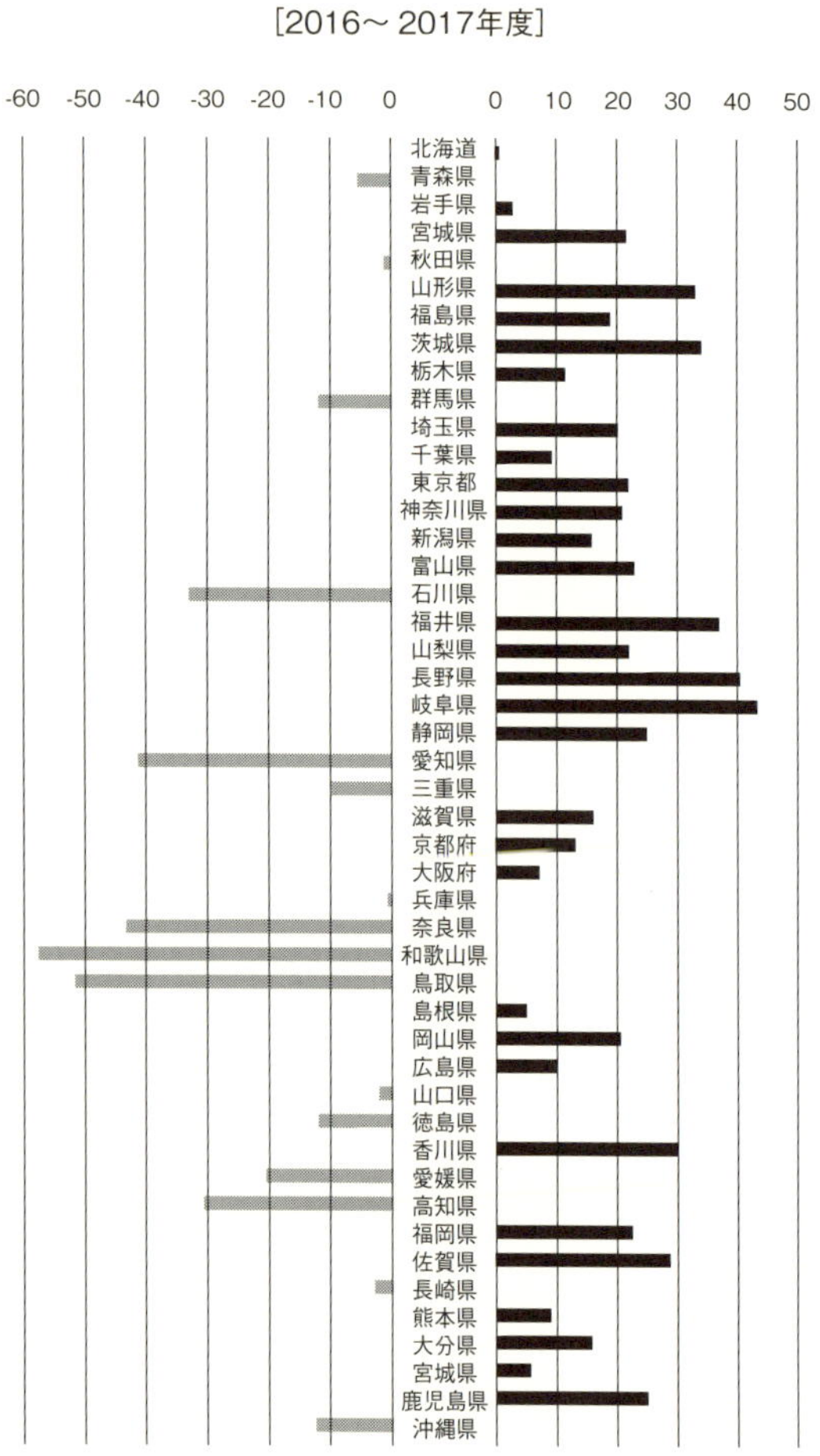

図終-2　都道府県別の1週間における部活動の時間(分)の増減(2016～ 2017年度)(スポーツ省『全国体力・運動能力、運動習慣等調査結果』の各年度の結果をもとに筆者が作図)

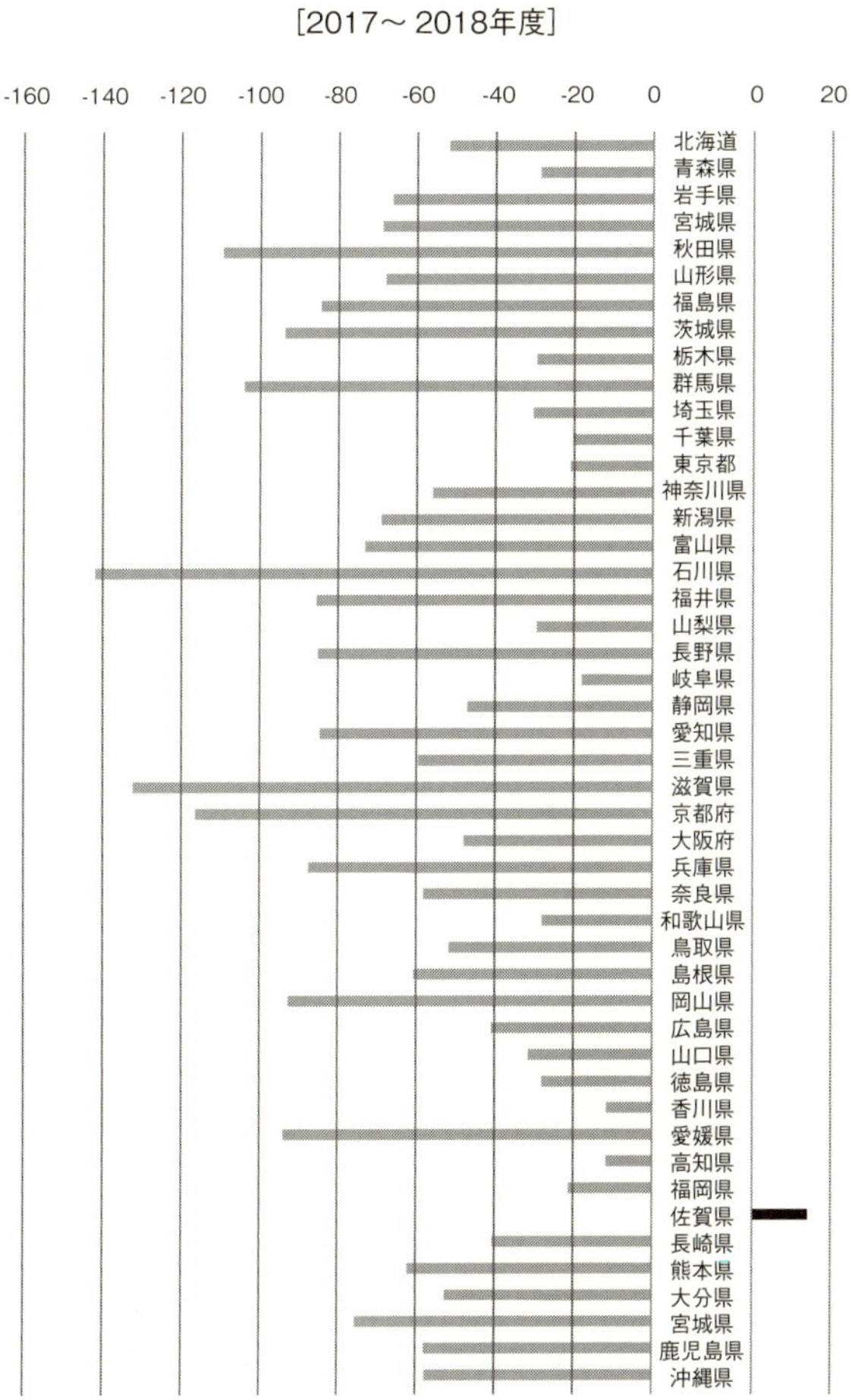

図終-3　都道府県別の1週間における部活動の時間（分）の増減（2017～ 2018年度）（スポーツ省『全国体力・運動能力、運動習慣等調査結果』の各年度の結果をもとに筆者が作図）

まず図終-2の二〇一六～一七年度の変化を見ましょう。活動時間数が増加している都道府県が多いことがわかります。

実は当時、すでに部活改革の世論はそれなりに高まっていました。なので、二〇一六～一七年度における都道府県別の時間数の増減を計算した時、私(内田)は「全国的にある程度は減少傾向にあってほしい」と願っていました。ところが、計算結果はその期待を裏切るものでした。世論が盛り上がったところで、そう簡単に変わるものではないんだなと、がっくりきました。

本書で繰り返し述べてきたように、部活改革では、その「やり過ぎ」が問題になってきました。やり過ぎで身体を壊すこともあります。そして生徒もさらには顧問も「もっと休みたい」と思っています。だからこそ今、部活の活動量に規制をかけるべく、スポーツ庁や文化庁からガイドラインが発表されたのでした。

でも、時代は変わりました。図終-3を見ると一目でわかるとおり、二〇一七～一八年度にかけて佐賀県を除くすべての都道府県で生徒の活動時間数が減少しています。またその減少幅も、二〇一六～一七年度のそれよりもかなり大きいことがわかります。部活は今、生まれ変わろうとしているのです。

油断することなかれ

改革は少しずつその成果を見せ始めています。でも、決して油断はできません。

本書ではこれまで、二〇一八年に策定された運動部と文化部のガイドラインに言及してきました。実は、一九九七年の時点で、部活のあり方について、同様の指針が発表されているのです。

「運動部活動の在り方に関する調査研究報告書」（一九九七年）には具体的に、中学校は週に二日以上の休養日、高校は週に一日以上の休養日を設けること、そして平日は二〜三時間まで、土日は三〜四時間までの活動とすることが示されました。

また、「スポーツ障害やバーンアウトの予防の観点、生徒のバランスのとれた生活と成長の確保の観点などを踏まえると、行き過ぎた活動は望ましくなく、適切な休養日等が確保されることは必要なこと」「これまでの運動部活動では、活動日数等が多ければ多いほど積極的に部活動が行われているとの考えも一部に見られたが、今後、各学校、各運動部において、適切に休養日等が確保されることを期待したい」と、まるで現在の議論であるかと錯覚するようなことが書かれています。

部活の過熱は二〇年以上前の時点でも、すでに問題視されていました。だからこそ一九九七年に、休養日の設定といった上限規制が定められたのでした。

ところがそこから二〇年の間、部活はむしろ過熱してきました。このことを踏まえるならば、新たにガイドラインが設けられたからといって、そして活動時間数が実際に減少に転じたからといって、油断してはなりません。

先生とともに

本書は、中高生のみなさんに読んでもらうことを前提としています。できるだけ、みなさんが置かれたリアルな状況に迫ることができるよう、生徒の立場を大事にしてきました。

ただ、部活のあり方を考えるにあたっては、みなさんを指導する顧問の立場について考えることも大切だということを、最後に指摘しておきたいと思います。

運動部のガイドラインが策定される過程において、スポーツ庁長官の鈴木大地さんは、つぎのように述べました。すなわち、「生徒さんが安心に安全にどのように部活動をしていけるのかというのがこの全般にわたって非常に重要な論点」であり、その際には「教師の負担軽減の話はもう前提、当たり前」である、と。生徒の負荷・不利益と教員のそれとの両方を軽減していくことが、部活改革の狙いだということです。

部活の過熱がこれほどまでに問題視されるようになってきたことの背景の一つに、部活を指導する先生たちの叫びがあります。ふだんみなさんの目の前に立っている学校の先生たちが、「今の部活はおかしい」と声をあげたのです。

その出発点に、「真由子先生」という方がいらっしゃいます。

二〇一三年三月二四日のこと、ブログ「公立中学校　部活動の顧問制度は絶対に違法だ!!」(http://bukatsu1234.blog.jp/)を立ち上げ、「はじめまして　教員五年目、真由子(仮名)といいます。もろもろの事情あり、公立中学校における部活動制度がおかしいと感じていま す。部活動の定義、また顧問の在り方について書いていきます。よろしくおねがいします」と第一声を発しました。

それ以来、真由子先生は今日まで、教員の部活負担が重すぎると訴えてきました。真由子先生は職員会議でその問題を提起した時の様子をブログにこう綴《つづ》っています——「私は「実質ではボランティアであるにもかかわらず、サービス残業を強いられ、部活終了時間まで帰宅することができない。これはおかしいのではないか」と質問しました。(略)物音一つしない殺伐《さつばつ》とした空気の中、手足が痺《しび》れるような思いをしながら。だけれども、同調者はただの一人もいませんでした。（略）残念ですが、私一人の力ではここまでが限界でした」。

緊張したやりとりが伝わってきます。厳粛《げんしゅく》な職員会議のなかで、若手の先生が手をあげて、「今の部活のあり方はおかしい」と声をあげた。全身が震える思いで、意見を述べた。ところが、賛同者は一人もいなかった。

そして、だからこそ真由子先生は、職員室を出てネット空間で部活問題を訴え始めたのでした。それがたくさんの先生やネットユーザーの共感を呼び、部活改革の輪が拡がっていきました。

みんなでハッピーを目指そう！

真由子先生自身の主張はとくに、部活顧問の負担に関するものです。でも顧問の負担が大きいということは、顧問のもとで活動する部員の負担も大きいということです。こうして、部活改革は生徒と教員の両者の負担を問題視する形で展開してきました。

私たち筆者が「みんながハッピー」という時の「みんな」とは、決して生徒全員だけを指しているわけではありません。指導者である先生も含めて「みんな」がハッピーになることを目指しています。

そして、誰かの犠牲の上にその活動が充実していくのではなく、「みんな」がその活動の恩恵を得られることを目指しています。せっかくの仲間です。卒業するまで、さらには卒業した後も、みんなで元気に過ごしていきたいものです。

私たち部活の研究者は、これからも国や自治体、学校に対して、みなさんの部活がよりハッピーなものになるよう、言葉を発していきます。今、私たちがこの本を執筆している二〇一九年春の時点では、「改革」の機運はとても高い状況です。でも、改革の声が高まったその後に、また気がゆるんで、かつての部活に戻ってしまうことも十分に考えられます。だから、私たちは目を光らせ続けます。

みなさん自身も、しっかりと部活のあり方を考え続けてください。「いつもどおりでいいや」とあきらめた時、改革は行き止まります。「変えていこう」と思い続ける限りにおいて、改革は進展する可能性をもちえます。そして、目の前に部活で困っている仲間がいたら、やさしく声をかけてください。そしてこの「部活の参考書」を片手に、どうしたらよいか、いっしょに考えてください。私たち一人一人が、改革の主役なのです。

参考文献＆部活を考える時に役立つ本

【がっつり部活を考える】
中澤篤史『そろそろ、部活のこれからを話しませんか――未来のための部活講義』（大月書店）
同『運動部活動の戦後と現在――なぜスポーツは学校教育に結び付けられるのか』（青弓社）
内田良『ブラック部活動――子どもと先生の苦しみに向き合う』（東洋館出版社）
同『学校ハラスメント　暴力・セクハラ・部活動――なぜ教育は「行き過ぎる」か』（朝日新書）
内田良他『調査報告　学校の部活動と働き方改革――教師の意識と実態から考える』（岩波書店）

【本やコミックで読む部活】（序章含む。＊印はドラマ・映画及びアニメ化されたもの）
朝井リョウ『桐島、部活やめるってよ』（集英社文庫）（＊）
新川直司『新装版　さよならフットボール』全二巻（講談社）
池上正『伸ばしたいなら離れなさい――サッカーで考える子どもに育てる11の魔法』（小学館）
井上雄彦『SLAM DUNK（スラムダンク）』（集英社）
岩崎夏海『甲子園だけが野球ではない』シリーズ（廣済堂出版）

岩崎夏海『もし高校野球の女子マネージャーがドラッカーの『マネジメント』を読んだら』（新潮文庫）（＊）
梅津有希子『部活やめてもいいですか。』（講談社青い鳥文庫）
カクイシシュンスケ『柔のミケランジェロ』（白泉社）
佐藤多佳子『一瞬の風になれ』①〜③（講談社文庫）（＊）
坂上康博編著『12の問いから始めるオリンピック・パラリンピック研究』（かもがわ出版）
島沢優子『部活があぶない』（講談社現代新書）
末次由紀『ちはやふる』（講談社）（＊）
高橋陽一『キャプテン翼』（集英社）（＊）
武田綾乃『響け！　ユーフォニアム』シリーズ（宝島社文庫）（＊）
春名風花『いじめているきみへ』（朝日新聞出版）
平田オリザ『幕が上がる』（講談社文庫）（＊）
松崎洋『走れ！　T校バスケット部』シリーズ（幻冬社）（＊）
三浦しをん『風が強くふいている』（新潮文庫）（＊）
森田まさのり『ROOKIES（ルーキーズ）』（集英社文庫コミック版）（＊）

おわりに

本書を、部活を生きるすべての生徒に届けます。

部活のことを生徒自身に考えてほしい。これまでに調査したり研究してわかった部活の仕組みや問題、その解決策を、生徒に伝えたい。部活のあり方を見直すために、部活の中心にいる生徒に語りかけよう。そう思って、私たちは本書を書きました。

ただ正直に言うと、本書を書くのは大変でした。だって、大学の研究者の言葉が中高生に届くかどうかわからないし。年の離れたおじさん二人の部活話なんて聞いてくれないかもしれないし。時折、ユーモアを交えたつもりだけど、ずっこけているかもしれないし。

何よりも大変だった理由は、みなさんの部活経験がそれぞれ違うからでした。

ご存じの通り、学校には部活を好きな生徒もいれば、嫌いな生徒もいます。部活がつらくて苦しんでいる生徒がいます。部活大好きで部活のために学校に通う生徒もいます。なんとなーく部活生活をやり過ごしている生徒もたくさんいます。そもそも部活をしていない生徒もいますよね。

こんな風に、生徒にとって、部活の意味や経験はいろいろなんです。ということは、もしかするとターゲットを絞って、「部活に悩む生徒だけ」に本を書くとか、「部活で全国優勝を目指す生徒だけ」に本を書く方が簡単だったかもしれません。

でも私たちは、そうはしませんでした。一握りの生徒だけではなく、部活を生きるすべての生徒に向けて、本書を届けたいと思ったんです。

いろんな部活経験があることを生徒全員に知ってもらいたいから。立場や意見が違う生徒たちに、互いを理解し合ってもらいたいから。そのために、すべての生徒をターゲットにしようと考えました。

だから私たちは、生徒のみなさん全員に届く言葉、届けたい言葉、届けるべき言葉を、選ぼうとしました。本書で書き上げた言葉を、みなさんはどう受けとめてくれたかな。精一杯、努力してみたんだけど、うまく伝わったのかな。

最後にもう一度、私たちの言葉を聞いてくれますか。

「楽しくなければ部活じゃない」——好きでやってる部活なんだから、つらいことに耐えるばかりじゃ残念すぎます。マンガ・映画・小説みたいに、部活で努力・友情・感動を味わったりしたいよね。最近の部活エンタメ作品は、他にもいろんな可能性が部活にはあることを教えてくれます。誰でも好きなことに熱中していいんです。大好きな作品の主人公のように、あなたも思い切り部活を楽しんじゃえ！

「部活はやってもやらなくてもいい」——部活は授業とは違います。あくまで自主的な活動で、授業あっての部活です。だから部活に入るもやめるも、あなたの自由。やめても内申に大きく影響するなんてことは無いから、安心してください。部活への関わり方は、リラ〜ックスして考えていいんです。やってもやらなくてもいいからこそ、やる価値があるとも言えますからね。

「部活の主役はあなた自身」——部活は、先生のためにあるわけじゃないし、親に言われて仕方なくするものでもありません。部活の出発点には生徒のやりたい気持ちがなければなりません。生徒の、生徒による、生徒のための部活。そんな生徒中心の部活をつくりましょう。部活をどうするかは、あなたが選んだり決めたりしていい。そのために生徒自身が考えること、生徒同士が話し合うことから始めてみてください。

「死ぬほどつらいなら、退部すべき」――部活で悩む生徒、部活で苦しむ生徒はたくさんいます。当たり前だけど、部活よりも生徒のこころとからだが大切です。でも、つらい時ほど、目の前が真っ暗になって、その当たり前のことも見えなくなっちゃうんだよね。だから決して忘れないで。つらいなら、部活はやめたっていいいんだよ。今部活を楽しんでいる生徒にも、お願いします。もし苦しんでいる生徒がいたら、助けてあげてください。

「勝利至上主義ではなく、楽しみ至上主義」――コンクールや大会での勝ち負けは、それはそれで楽しい。うん、もちろんその通り。でも部活の楽しみ方は、勝つことだけに限りません。趣味やレクリエーションとして楽しむのもアリだし、ゆるーい部活でまったりもOK。自分なりの楽しみ方を見つければいいんです。さあ、思い切り自由に、とことん部活を味わい尽くしましょう。楽しみをどこまでも追い求める、それが楽しみ至上主義です。

「みんなでハッピーを目指そう！」――やりたいことをやるのが部活。本当にその通りに部活が生まれ変わったら、部活はハッピーが溢れる場所になる。だから、みんなでハッピーを目指そう。誰も犠牲にしない、文字どおり「みんな」がハッピーになれる部活をつくろう。どんな生徒も取り残さないし、部活を支えてくれる先生のことも忘れない。

みんながハッピーな部活が実現できるまで、私たちも頑張るね。だから、生徒のみなさんも頑張ってください。

中澤篤史

内田　良

中澤篤史
1979年，大阪府生まれ．早稲田大学スポーツ科学学術院准教授．博士(教育学，東京大学)．専門はスポーツ社会学．著書に『そろそろ，部活のこれからを話しませんか』(大月書店)．趣味は，コーヒーと囲碁．
Twitterアカウントは，@naka_AT_sushi.

内田 良
1976年，福井県生まれ．名古屋大学大学院教育発達科学研究科准教授．博士(教育学)．専門は教育社会学．著書に『学校ハラスメント』(朝日新書)，『ブラック部活動』(東洋館出版社)など．ヤフーオーサーアワード2015受賞．
Twitterアカウントは，@RyoUchida_RIRIS.

「ハッピーな部活」のつくり方　岩波ジュニア新書 903

2019年8月22日　第1刷発行
2020年10月5日　第2刷発行

著　者　中澤篤史《なかざわあつし》　内田《うちだ》　良《りょう》

発行者　岡本 厚

発行所　株式会社 岩波書店
〒101-8002 東京都千代田区一ツ橋2-5-5
案内 03-5210-4000　営業部 03-5210-4111
ジュニア新書編集部 03-5210-4065
https://www.iwanami.co.jp/

組版　シーズ・プランニング
印刷・精興社　製本・中永製本

ISBN 978-4-00-500903-9　Printed in Japan

岩波ジュニア新書の発足に際して

きみたち若い世代は人生の出発点に立っています。きみたちの未来は大きな可能性に満ち、陽春の日のようにひかり輝いています。勉学に体力づくりに、明るくはつらつとした日々を送っていることでしょう。

しかしながら、現代の社会は、また、さまざまな矛盾をはらんでいます。営々として築かれた人類の歴史のなかで、幾千億の先達《せんだつ》たちの英知と努力によって、未知が究明され、人類の進歩がもたらされ、大きく文化として蓄積されてきました。にもかかわらず現代は、核戦争による人類絶滅の危機、貧富の差をはじめとするさまざまな人間的不平等、社会と科学の発展が一方においてもたらした環境の破壊、エネルギーや食糧問題の不安等々、来るべき二十一世紀を前にして、解決を迫られているたくさんの大きな課題がひしめいています。現実の世界はきわめて厳しく、人類の平和と発展のためには、きみたちの新しい英知と真摯《しんし》な努力が切実に必要とされています。

きみたちの前途には、こうした人類の明日の運命が託されています。ですから、たとえば現在の学校で生じているささいな「学力」の差、あるいは家庭環境などによる条件の違いにとらわれて、自分の将来を見限ったりはしないでほしいと思います。個々人の能力とか才能は、いつどこで開花するか計り知れないものがありますし、努力と鍛練の積み重ねの上にこそ切り開かれるものですから、簡単に可能性を放棄したり、容易に「現実」と妥協したりすることのないようにと願っています。

わたしたちは、これから人生を歩むきみたちが、生きることのほんとうの意味を問い、大きく明日をひらくことを心から期待して、ここに新たに岩波ジュニア新書を創刊します。現実に立ち向かうために必要とする知性、豊かな感性と想像力を、きみたちが自らのなかに育てるのに役立ててもらえるよう、すぐれた執筆者による適切な話題を、豊富な写真や挿絵とともに書き下ろしで提供します。若い世代の良き話し相手として、このシリーズを注目してください。わたしたちもまた、きみたちの明日に刮目《かつもく》しています。（一九七九年六月）